旅行，最浪漫的教养

让孩子受益一生的30天

〔韩〕吴善珠（오선주）
金东昱（김동욱）◎著
李菡◎译

重庆出版集团 重庆出版社

유모차를 끌고 맨해튼에 서다 Travel in America with Wheeling a Baby Carriage by 吴善珠 Sunjoo Oh, 金东昱 Dongwook Kim

版贸核渝字（2011）第 216 号
图书在版编目（CIP）数据

旅行，最浪漫的教养 /〔韩〕吴善珠 金东昱著；李菡译．—重庆：重庆出版社，2012.6
ISBN 978-7-229-04933-1
Ⅰ．①旅… Ⅱ．①吴… ②李… Ⅲ．①教育－家庭教育 Ⅳ．① G78
中国版本图书馆 CIP 数据核字（2012）第 078378 号

旅行，最浪漫的教养

LüXING，ZUILANGMAN DE JIAOYANG

〔韩〕吴善珠 金东昱 著
李 菡 译

出 版 人：罗小卫
策　　划：中资海派·重庆出版集团科韵文化传播有限公司
执行策划：桂 林 黄 河
责任编辑：朱小玉
特约编辑：黄 华 梁桂芳 周 琳
版式设计：罗志宗
封面设计：Amyfree Bookdesign Studio 安宁书装 谈志佳

重庆出版集团 重庆出版社 出版
（重庆长江二路 205 号）

深圳市彩美印刷有限公司制版印刷
重庆出版集团图书发行有限公司发行
邮购电话：023-68809452
E-mail: fxchu@cqph.com
全国新华书店经销

开本：787mm×1092mm 1/32 印张：9 字数：150 千
2012 年 6 月第 1 版 2012 年 6 月第 1 次印刷
定价：32.00 元

如有印装质量问题，请致电：023-68706683

Prologue
前　言

你是否为生活、为工作、为孩子整日奔波忙碌而迷失了自我？

你是否希望孩子可以撒开脚丫，多亲近自然与世界，让她弥补你小时候无法远行的遗憾？

你是否忘了有多久没和亲爱的家人来一场心灵沟通，以致于彼此间产生了裂痕？

如果是，请放下你的担忧，跟随我的脚步，带上孩子，带上背包，一起放飞心情。

踏上修补亲情与人生的旅途吧……

给我亲爱的家人：

Viu，从决定去旅行到现在，我们平静的生活掀起了短暂的波澜。这段时间里，我经历了很多的烦恼和矛盾。我不但要费尽心思不让你和智儿发现我心里“真的能这么出发吗？”的恐惧，还要时时装出一副镇定的样子，以表示自己这一次的决定是多么坚决。但事实上，我和你一样也充满了担忧。

不管是要花掉我们 4 年来辛辛苦苦挣的血汗钱，还是要暂时放下工作，这些都让人备感不安。加上要带着年幼的智儿一起旅行，不禁让人产生“到底是不是时候”的疑问。看着你晚上睡不着觉，偷偷跑到网上看别人的旅行日记，我就知道你也对这次决定毫无信心。即便如此，看着一直信任我、跟随我的你，还有始终坚强、勇敢成长着的智儿，我还是决心不再后悔和担忧。而且我突然有了种“这次旅行是上天赐给我们全家的礼物”的想法，因为我们在过去的日子里是那么努力地生活着。现在我决定要积极地计划好这次旅行。

Viu，**我坚信，旅行一定能让我们更加珍惜与家人共度的时光，而且还会让我们更清楚地了解对方为自己所做的努力和付出。家人，是最亲近的，也是最容易彼此伤害的。**我想，我们会在旅行中更加了解对方。我们会一起克服旅行中出现的困难，我相信这会进一步加强我们彼此的感情。旅行将带给我们新的视角和感悟。我们甚至还可能在旅行中找到过去曾不断找寻却一直没能得到的答案。如果说过去我们一直局限在一种模式化的生活中，那么这次旅行将会打开我们的心灵，开始全新的生活。

最后，我还想说我坚信这次旅行一定会带来新的希望。我们的父母也曾经带着我们去旅行，感受不一样的生活。我们的此次旅行同样也会给智儿带来独特而又难忘的回忆。

害怕改变的人永远不会进步，所以我相信这次旅行带给我们挑战的同时也是一次难得的机会。明天我们就飞往美国了。虽然你肯定也和我有相同的忧虑，但这绝对不是因为一时冲动而突然决定的旅行，我们是经过深思熟虑才最终作出决定的。起程的时间就要到了，让我们放下那些不必要的忧虑开始一次冒险之旅吧。

和你们在一起，让我无比高兴和心安，我想对始终陪伴在我身边的家人们再说一次感谢。

谢谢你们，我爱你们！

Dew

Contents

目 录

1. 带孩子旅行的必备物品

01 婴儿车

带孩子旅行，路走多了孩子会腿疼，或会犯困。所以即使是平常爱自己走路的孩子，也要准备婴儿车备用。婴儿车最好是可折叠的，因为折叠式婴儿车更便于放入汽车后备箱内，或空间较大的车后座上。另外，行走途中遇到阶梯或孩子不想坐车的时候，可以折叠起来拎着。婴儿车最好有遮阳罩和收放玩具的网袋。

02 车用儿童座

如果在美国自驾游，车用儿童座就是必需品之一。美国交通法规定，小孩乘坐没有设置车用儿童座的车辆为违法行为。所以，最好自带车用儿童座，或租赁汽车时，选用备有车用儿童座的车辆。另外，韩国的进口车用儿童座售价较高，在美国本土买则比较划算，所以如果你还没有购买车用儿童座的话，也可以选择到美国购买。

03 防晒乳

旅行中防晒乳是必备的。即使旅行地是城市，在室外活动的时间也肯定远远多于在室内的时间。特别是到日晒较强的城市旅游时，一定要准备防晒指数高于40的防晒乳。

04 童话书

再好看、再有趣的外语书，对孩子来说都是有难度的。在孩子可能感到厌烦的旅行中，根本不能强迫孩子看英文书。因此父母可以选择孩子平常喜爱的童话书随身携带。

05 玩　具

就和童话书一样，父母应该给孩子带上他们平常喜欢的玩具。旅行中感到无聊时，在当地的玩具店购买也是不错的选择。新玩具可以给孩子带来快乐，也能减轻父母的负担。

06 小零食

不要期待孩子能有与成人一样的耐力。孩子们饿了就要吃，渴了就要喝。而美国的零食和饮料的价格与韩国差不多，所以可以在出发去新景点之前，在附近的超市购买一些随身携带。不过要注意，不要把零食放在孩子随手可得的地方，以便对其食用量进行控制。

07 尿　盆

美国的高速公路与韩国不同，没有太多的休息站，当然这也是因为美国国土广袤。因此，父母要留心让孩子每到达一个休息站都去一次厕所。即便如此，孩子也可能会突然要上厕所，所以最好提早准备空的塑料瓶或塑料桶备用。湿纸巾也是必备品之一。

08 备用药品

旅行对成人来说也是辛苦的。在陌生的地方吃没吃过的食品，再加上旅途疲劳，很容易生病。这时就需要用到退烧药或其他常用备用药。

2. 美国自驾游需要注意的问题

01 租　车

美国有很多汽车租赁公司，价格也千差万别。为了节省花费，多数人希望找便宜的租赁公司租借汽车，但是价格便宜也可能伴随有风险。因为价格越低廉的公司，分店越少。美国的国土相当广阔，旅行途中一旦发生事故就更要及时迅速地找到附近的分店才行。为了应对各种突发事故，建议选择大型的汽车租赁公司。虽然价格相对昂贵，但服务会更好。想象一下，如果旅行时车子发生故障，联系了租赁公司，却被告知到达出事地点需要一天的时间，那时该是多么无助呢？所以在美国一定要选择在各地都设有分店的大型汽车租赁公司。

02 AAA

AAA，即美国汽车协会（www.aaa.com）。申请加入后，协会会提供拖车服务及各种保险业务。入会的费用，根据保险种类和地域的不同稍有差别，大约为 60 美元。对短期旅行来说这笔费用不便宜，但此协会在全美各地的办事处远多于其他大型汽车租赁公司，因此拖车或简单的修理工作选择 AAA 会更方便。另外，还可以免费领取美国各地地图。到邻近的办事处，说明自己旅行的路线，就可以获得详细的解说，以及与路线相关的地图（州、城市、村庄）和都市观光介绍小册子等。

03 住　宿

旅行中，住宿非常重要。幸运的是，在美国要找到不错的住处并不是什么难事。大部分的小旅店费用都在 60～100 美元，而且有一些还提供早餐并带有游泳池。大部分的旅店因为是连锁形式，所以设施和样貌都非常类似。运气好的话，还能在配有水疗设施的旅店里做做 SPA，去去身上的余毒，这些设施的费用都包含在住宿费用中。当然，洗衣设施齐备，完全不必担忧旅行途中的衣物清洗问题。

04 用 餐

只要要求不是特别高，吃饭应该不成问题。既可以在高速公路休息站的西餐厅吃，也可以在麦当劳或温迪快餐（Wendy's）之类的快餐店吃，还可以自己带上一些简单的食物。因为每个休息站都有很多室外长椅，可以在那里一边休息，一边用餐。除此之外，还有很多美味的冰激凌店、咖啡店、蛋糕店，所以在美国根本不用担心用餐问题。

3. 带孩子游览繁华都市一定要做的几件事

01 玩具店，还是百货商场？

美国是孩子的天堂。每个城市都有很多大型玩具商店。种类和数量多得数不清，孩子们只要一进去，就绝对不想出来。这时，父母不妨给孩子买一个喜欢的玩具，为他们留下一段美好的记忆。

02 去游乐场玩，享受有都市特色的交通

到洛杉矶的话，可以去迪斯尼乐园或环球影城（Universal Studios）玩一玩，会给孩子留下难忘的回忆。让孩子乘坐旧金山的缆车、纽约的双层观光公交车也是一种特别的体验。

03 品尝路边小吃

就像韩国的炒年糕和煮鱼饼一样，美国也有很多路边小吃。椒盐卷饼（pretzel）、热狗、比萨、冰激凌等，都是常见的美国特色街

边小吃。味道很不错，一定要尝一尝。而且还能给站在小吃车前吃着热狗的孩子拍张照，留下美好的回忆。

04 参观博物馆

美国有很多可以感受历史的博物馆。在旅行出发前，要提前确认好博物馆的信息。不管是自然博物馆、历史博物馆，还是科学博物馆，孩子都能感受不一样的乐趣。

05 采购童装

那些在韩国贵得惊人的童装，在美国本土根本就没有那么昂贵。盖普宝宝（Baby GAP）、金宝贝（GYMBOREE）、陶瓷仓库（POTTERY BARN）等经常会有优惠和促销活动。幼儿用品的价格相对低廉，所以拉上孩子的手，抓住机会来一次大采购吧。

Part. 1

起飞前

谁把我们弄得那么累?

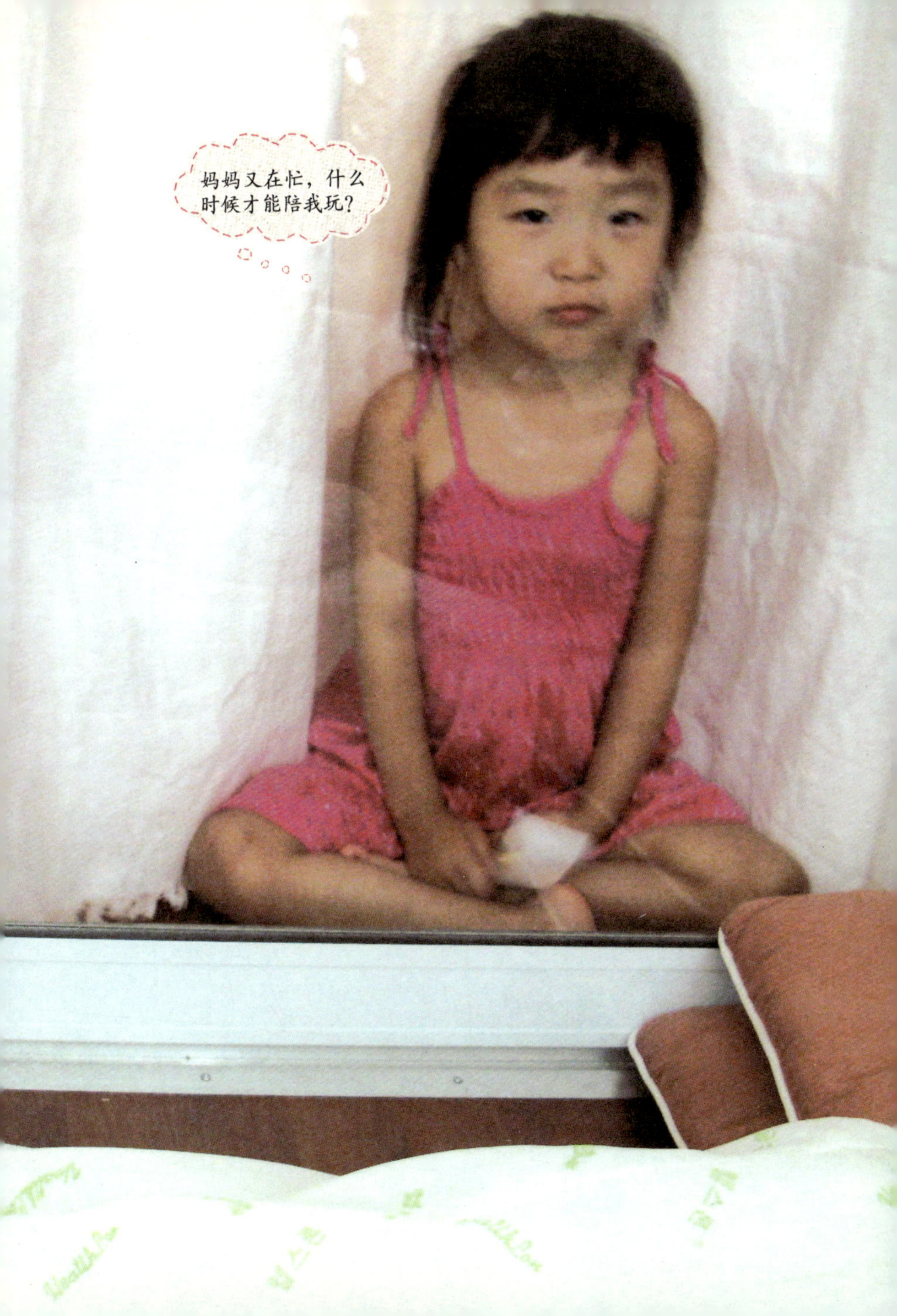
妈妈又在忙，什么
时候才能陪我玩？

Viu's note 1

再多两个分身都不够用的妈妈——Viu

结婚前，我一直都很自由。想工作的时候就工作，想吃的时候就吃，想和谁见面，随时都可以出门。但是转眼我已经是一个4岁女孩的妈妈了，身兼妈妈、妻子、插画家三种身份，使我陷入了被时间赶着走的境地。

和所有普通妈妈一样，我的一天是这样开始的：睁开眼睛第一件事就是叫醒智儿（Jia），然后帮她洗漱，给她穿好衣服，再梳一个漂亮的发式，急匆匆地送她坐上幼儿园的班车。此时是早上8:25。

送走智儿后，我凑合着吃点早饭，紧接着就开始做家务。等我坐到办公桌旁时已经是上午 11 点了，我只有 3 个小时的工作时间。于是我又开始忙着确认项目，画素描，查找资料。墙上的钟表滴答滴答地响，陪着我紧张地工作。转眼就到了 14:20，我必须停止工作，焦急地在外面等着智儿放学的班车。

“唉，看来今天又得先哄智儿睡了再工作。”

淘气的女儿没有了任何约束，回家之后把玩具扔得到处都是，让我一刻不得闲。我一边应和着孩子的呼唤，一边准备零食小吃。就在我跟着孩子不停收拾被折腾得乱七八糟的家时，转眼就是傍晚。吃了晚饭又要收拾厨房，给孩子洗澡，哄她睡觉。最后我还要给有了睡意，渐渐进入梦乡的智儿一个晚安吻，然后小心翼翼地走出房间。而我却必须强忍着不断袭来的困倦，投入到白天没能完成的工作之中。

真不知道自由职业者中还有多少像我一样被截稿日期追着过日子的人，除了看孩子还要照顾家，睡眠严重不足。在通宵达旦工作的日子里，第二天我总是处在似醒非醒、似梦非梦的状态中。真的，自由职业的妈妈每天都是痛苦的。虽然能做自己喜欢的工作是幸福的，但边照顾孩子边工作的我在感谢的同时，也对这单调重复的日常生活感到厌倦。

这样的生活就不能改变一下吗？
难道就不能做点有意思的事吗？

插画家Viu

Viu's note 2

手痒得受不了了的雕塑家爸爸——Dew

有个年轻人，从中学开始就表现出了出众的美术天分，并下定决心要成为一名艺术家。从美术高中和知名美术大学毕业后的他，开始靠近自己雕塑家的梦想。但是有一天因为丘比特的一个玩笑，他与有着 7 年友情的朋友成了恋人。经过两年的恋爱后，在 29 岁结婚，而且很快就当了爸爸。

这个曾经因得到布朗库西（Constantin Brancusi）（康斯坦丁·布朗库西，被公认为是 20 世纪最具原创性的重要雕塑家。——译者注）作品灵感而日夜不停创作的艺术家，在养家糊口的现实面前选择了实业家的生活道路。作为一家之主，为了家人的幸福，可以随时奉命的他，在不断摸索之后，终于在某种程度上适应了实业家的生活。

但是这样不断重复的日常生活有时会让他感到厌烦，4 年多没有创作了，手开始发痒了。在他回应小可爱智儿的微笑中，总有一丝永远无法填补的缺憾。

难道就没点让人兴奋的事吗？

这生活得改变一下了。

Viu's note 3

只能一个人玩耍的寂寞女儿——Jia

4 岁的宝贝女儿智儿（Jia），从小就爱喝牛奶，所以一直茁壮地成长着。但令她不开心的是，妈妈整天都忙忙碌碌的。每次玩郊游游戏、医院游戏或过家家的时候，妈妈总是刚刚登场，就偷偷地、小心翼翼地溜回到工作室。不过幸运的是，智儿一个人又扮这个又扮那个也能玩得开心尽兴。

偶尔，妈妈工作的时候，智儿还会拿着素描本在旁边一起画画。不过每天都这样玩，总有一天会感到厌倦的。

想和爸爸妈妈一起玩的智儿

来一次压力大释放吧

我几乎每个月都能收到一个来自多伦多的黄色小包裹。给我寄包裹的是我最好的朋友新爱（Sin Ai）——突然结婚，并且随后就远赴加拿大了。每次收到包裹，我都会像收到圣诞礼物的孩子一样，满心兴奋地打开。包裹里那些在东京某个咖啡店里写下的文字或在墨西哥坎昆写好的明信片，或是用写实风格绘制的魁

新爱寄来的包裹

北克风景卡，满满的都是她生活的点滴，我都一一阅读。我真羡慕新爱丰富多彩的快乐生活。

有一天，新爱夫妇来韩国玩了。

“我们这次旅行的主题是寻找回忆。”她说。

她和丈夫一起到首尔的钟路和仁寺洞散步，还去了这几年在网上搜到的浪漫咖啡店和西餐厅。他们一边给我们看照片，一边用大嗓门大谈这次韩国旅行。我们完全被他们的故事迷住了，因为太有趣以至于都忘记了时间的存在。新爱就是这样懂得如何让生活更加多姿多彩，这让我感到自己的生活是如此的平淡无味。一瞬间，夹杂着对她的羡慕，我深深地感到了自己生活的枯燥乏味。

我一直认为自己虽然平凡，但也是很幸福地生活着。
可是我真的是过着幸福的生活吗？

就在我倾听着新爱的故事，陷入胡思乱想之中的时候，Dew的声音把我从恍惚中唤醒。对于新爱夫妇邀请我们去加拿大玩儿的客套话，Dew 居然一口答应下来，说今年夏天一定会去。

Dew 的话让我暂时忘了新爱夫妇那些让人兴奋和愉快的故

事。和丈夫结婚 4 年，我深知他小心谨慎的性格，而此时 Dew 满脸的坚定神情我还是第一次看到，着实感到很吃惊。

“呀~呀，我说老公，我们可不行啊……”

我真的无法理解此时的丈夫。

“你可不是这样的人啊……”

智儿放着桌上烤得“吱吱”作响的五花肉不吃，非得捡一块掉在地上的肉吃。看到这个状态的智儿我心里不由得更加忧虑了。

心想着老公要经营公司，我也要工作，智儿还得上幼儿园……而且钱也是问题，我们哪儿有这样的闲余啊？

那天晚上，我和 Dew 进行了一次正式的谈话。整个谈话让我不停地在“我要马上出发”的冲动和“今年夏天我们还是这样过，以后有了机会再去吧”的理智中徘徊。现在不抓住机会的话，谁知道下一次是什么时候？我觉得即使后悔，这次也要去一趟。

最后我们还是决定去，虽然可能冲动了些，但要抓住机会试一次。我的插画工作可以趁机休整一下，老公的公司也暂时放下，智儿幼儿园入园的问题也推后再说。

“对，既然已经决定了，就让我们放下折磨了我们 4 年的工作和育儿生活，来一次压力大释放吧。”

“什么？工作都放下？”

“什么？你们要带着智儿一起去旅行？”

一听到我们的决定，朋友和家人都表现出一脸的忧虑。

每当出现这种情况，我总是说服自己：“难道休息一个月，我们家就会败落了不成？难道多工作一个月，就能享受到荣华富贵？智儿也和我们一样，想看到更多、听到更多、感受更多，她可是个记忆力超强的聪明孩子，所以带智儿一起去也没什么不好啊。这次旅行肯定会留下永久美好的回忆。”

话虽然如此，一旦开始准备，才发现无从下手。我们没有旅行储蓄金，也不知道该从哪儿开始，怎么做才好，不安慢慢地包围了我们。

“好，从现在开始认认真真地作准备！”

我们勉强坚定了不安的心，正式投入旅行准备之中。

旅行前练习

1. 爸爸每天晚上抓着智儿，往她那小小脑子里灌输旅行目的地的概念。

2. 扮空姐游戏。设想坐飞机时可能出现的情况，在家教孩子乘飞机时要遵守的礼仪。

起飞啦!

到达机场的那一刻，我的心泛起了不可言喻的美妙波澜。机场是一个不管孩子还是大人都会心动的地方。智儿一看到我们即将乘坐的飞机，马上就瞪圆了双眼。“哇，飞机可真胖啊！”

登机后，我把靠窗的位子让给了智儿，她一坐下来，就好奇地将折叠式餐桌放了下来，拿出一个小本子和画笔，开始画画。

这么漫长的飞行时间里，是不是应该提前想好该做些什么呢?

飞机机舱内

提前为智儿订好的儿童餐

因为看电影，居然11个小时没合眼。

虽然空间有点狭小，不过在这看看电影也不错。

Viu's
T恤
短裤
裙子
带帽绒衣
两条毛巾
泳衣
人字拖鞋
化妆品、防晒霜
备用雨伞
运动鞋
两顶帽子
便携式收音机
胶片相机
太阳镜
车里听的CD
国际驾照、护照
佳能G7
Dew's
T恤、衬衫
短裤
帽子
运动鞋
牛仔裤
太阳镜
随身小包
剃须用品
泳装书包
国际驾照

Jia's
T恤
GAP
连衣裙
短裤
裙子
智儿的内衣
太阳镜、防晒霜
对抗寒冷的厚衣物
小毯子
泳衣、沙滩罩衣、拖鞋
长靴、雨衣
Sketch Book
color pencil
图画书和写生本、彩色铅笔
智儿专用的车用儿童椅
急救药箱
体温计
伤口消毒药
创可贴
风油精
折叠式婴儿车
water tissue
湿纸巾
备用尿桶

Part. 2 飞翔中

自然，孩子最可爱的老师

3
拱门国家公园
（Arches National Park）
4
布莱斯峡谷公园
（Bryce Canyon）
2
纪念碑山谷
（Monument Valley）
1
科罗拉多大峡谷
（Grand Canyon）

Travel 1 科罗拉多大峡谷 (Grand Canyon)

旅游时，

你是否是上车睡觉下车撒尿到了景点拍照？

别傻了，

大自然的鬼斧神工，

看都来不及，

还费时间去摆弄那个破盒子？

当然，

如果有台能将所有美景连空气都一起装进去的相机的话就例外！

110548606
POLAROID® 35
Grand Canyon

科罗拉多大峡谷到底是个什么样的地方？

科罗拉多大峡谷是位于美国亚利桑那州北部的巨大峡谷，长447千米，宽6千米～30千米，深达到1 500米，是世界上最深的峡谷，形成于20亿年前，有着刀削般的绝壁、色彩斑斓的断层、高耸入云的石山，以及形形色色的奇岩怪石和壮阔的科罗拉多江。如果要选择一个美国自然公园作为照片或电影的背景，很多人都会选择科罗拉多大峡谷。我们在旅行中，见到游客最多的地方也正是这里。这里是亚洲旅行社随团游客的一日游景点，大多数都是坐着旅行车游览，并只在主要的观赏点稍做停留。当然，如果随团旅行，根本就别想看到这壮观的大峡谷的全貌了。

大峡谷的门票为20美元，可以在大峡谷游览3天。从这一点上可以知道，要想全面地游览和观赏大峡谷，最少需要3天时间。

大部分人所知晓的大峡谷，应该是站在被称为峡谷南缘（South Rim）的最南端看到的样貌，但这只是大峡谷的一部分而已。真实的大峡谷是多样的，其代表为东边、西边和北边。不过相对于峡谷南缘一年365天天天开放，峡谷背面的边缘地带，即峡谷北缘（North Rim）却从10月中旬到第二年5月中旬的几个月间是不对外开放的。

南缘有各种便利设施和交通设施，北缘却全然没有开发。另外，西缘（West Rim）也只有部分开通了园内班车，要想欣赏西缘其他地方的景色，只能使用自驾或其他交通手段了。因为还有一些尚未开发的地方，所以旅行前非常有必要对旅游行程做彻底的调查。现在为了吸引游客到西缘，政府在马蹄形的玻璃桥上修建了可以俯瞰峡谷的人行天桥，看来西缘的开发也在进行中。东缘（East Rim）是为了让从南边来的游客看到不同的风光，面向东门（East Gate）方向观赏或眺望；或为了方便从东面来的游客更近距离地欣赏大峡谷风景。63号国道连接着南门（South Gate）和东门，所以这里是自驾行游客们欣赏东面景点最好的路线。

参考网站 美国国家公园网站 www.nps.gov

用 80 美元玩遍美国所有国家公园的秘诀

虽然每个国家公园都不尽相同，但大多数国家公园以车为单位，一辆车大约每年要缴纳 25 美元。因此，假如你打算游览几个国家公园的话，最好选择购买国家公园年票。年票规定，从首次进入公园的日期算起，一年内，可以免费并无限制地出入美国所有国家公园，所以假如计划中有 4 个以上的国家公园，选择年票就更划算。你可以在到达第一个国家公园时缴纳 80 美元购买年票，也可以选择提前在网上订购（美国国家公园的门票是没有优惠的）。

假如没想到购买年票，而且已经游览了几个国家公园的话，也可以在出示之前去过的公园发票后，利用补齐差价的方法购买年票。如果美国有亲戚或朋友，不妨拜托其帮助提前购买。因为不需要与身份证或护照上的照片进行核对，所以年票上既没有照片，当然也不标注姓名，唯一需要的就是申请者和配偶的签名。回国的时候，你还可以将未过期的年票送给亲戚或朋友，简直就是一举两得！

准备旅行时值得参考的网站

- 科罗拉多大峡谷公园观光介绍网站
  www.nps.gov/grca
- 科罗拉多大峡谷停车场及园内班车路线
  www.nps.gov/grca/planyourvisit/upload/2008sum-bus-map.pdf

智儿，边吃边看啊！

打开车窗，凉爽的风吹进飞驰的车内，顿感身心释放。我不停地按着相机快门，因为我知道将这样的瞬间永久放人照片，以后每次看到都一定会产生旅行的冲动。

专心踩着油门的 Dew，对投人摄影中的我嚷嚷："现在到哪儿啦？求你好好看下地图，这样咱们才能记住都路过什么地方。"

我心想，我当然得记住这里是什么地方。不过这又有什么关系？现在要好好享受一下自由的感觉，我心里的自由。Dew，求你不要把我塞进地图里。

我心里虽然这么想，但最终还是输给了强烈要求的 Dew。我开始在 Google 上搜索地图，并进行确认，还计算了一下到达目的地需要的时间。这个时候，车后座上的智儿开始唧唧喳喳起来。

"妈妈！我要吃这个和这个。"

"爸爸，我想喝这个。"

坐在“全副武装”的车用儿童座上，智儿根本不管什么风景不风景，一心都扑在了旅行前准备好的零食上。在拆这个尝那个的长时间折腾后，智儿终于进入了梦乡。

智儿啊！快看看这广阔的大自然吧，快和妈妈一起感受一下久违了的自由。

对于还不满 4 岁的孩子来说，这大概算是无理的要求吧？智儿是否能体会到这次旅行对于我们全家，将是怎样珍贵的回忆呢？看着智儿，还没能适应时差的她能这样老老实实地坐在车用儿童椅上，也该是值得感激的事情吧。

是啊是啊，是值得感激的。

物品摆放一览图

行李箱＆水上充气床
睡 袋
遮阳挡
车用睡枕
车用儿童椅
装满食物的车载冰箱
备用尿桶
智儿的图画书
地 图
日记本
克莱斯勒（Chrysler）PT Cruiser

旅行，是为了活得更美好

车子不断飞驰着，经过了哪些城市呢？就像玩具相机的胶片一般，我已经不知道周围的景色变化了几次了。广阔草原上出现了低矮的山，偶尔还能看到静静吃着草的牛群（这里的牛和韩国的牛不同，个个都有着让人惊叹的庞大身躯）。一片片建造得美轮美奂的居民区，还有像电影《甜蜜咖啡屋》（*Bagdad Cafe*）里出现过的低矮破旧的建筑。韩国京畿道——釜山线高速公路沿途的风景，是由水源、天安、大田、金泉、大邱组成的千篇一律的小城感觉，但这里的风景却完全不同。

哇！这样的地方该有着怎样的一种生活啊？

对于一直生活在人口密集的城市，整天和邻居低头不见抬头见的我来说，从单调乏味的城市中走出来，进入这样的美国小城中真是备受感动。

“假如我能早点看到这样的都市……”我心里暗想。如果有一天我要画城市，我一定要画今天看到的城市景象。

没错，这才是真正的旅行。

旅行前我还有很多担忧，但是现在我知道了，旅行是为了走得更远，看得更多，让生活更美好。

起初，Dew 提议去旅行的时候，我还曾因为他的心血来潮而大吃一惊，甚至因为他毫无责任感的决定而大发雷霆。但在这一刻，我真想好好感谢他。

Thanks，Dew！

智儿，吃正宗麦当劳啦！

有小孩子一起同行的旅行，填饱肚子最简单的方法就是去快餐店。在韩国就狂爱吃麦当劳的智儿，能在旅行中吃到麦当劳，更是开心得不得了。想要美美吃上一顿的我们向着麦当劳出发了。

在干燥炎热的沙漠地带行驶了几个小时，偶然间找到麦当劳，让我们有种进了冰箱的感觉。餐厅的一边设置了大型的儿童乐园（韩国也有一些麦当劳餐厅设有这样的儿童乐园）。不知道是不是因为相似的装饰和颜色，智儿迫不及待地跑去看欢乐儿童套餐的玩具了。点完汉堡，就径直跑向儿童乐园的智儿，好像一下子忘记了整天都被束缚在车用儿童椅上的无聊，开心地玩了起来。软软的海绵垫上，一个个光着小脚丫、跑着玩着的孩子们个个都开心极了。看着此时带着明朗笑容的智儿疯玩着，又想到孩子一路上都不曾因为迷人的风景而有半点反应，让我不免有些小受伤。

如果能让智儿了解这次旅行的意义就好了……

虽然是这样想，但对年幼的智儿来说，美景当然比不上玩耍。就像在沙漠中遇到了一片绿洲，智儿用孩子特有的方式解决了自己的“苦闷”。而这也让我决心在之后的旅行中要时时刻刻保证以智儿为中心。

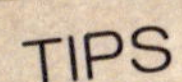

如何在高速公路上解决吃饭问题？

1. 妈妈牌便当最最好！

不管怎么样，对孩子们来说，妈妈亲手制作的便当，因为兼具营养和美味，肯定是最好的。在美国旅行的时候，我发现西夫韦（Grocery Store Safeway）、塔吉特（Target）和沃尔玛等大型超市随处可见。在这些地方可以购买一些便宜、新鲜、美味的面包、芝士、蔬菜、火腿等材料，制作简单的三明治或蔬菜水果沙拉。在高速公路上作短暂停留的时候，拿出亲手制作的食物来个小型野餐肯定会成为不错的回忆。还可以参考高速公路休息站的信息，选择提供早餐的小旅馆休息，这样可以拿到一些小盒果酱、黄油和酸奶。即使是看似非常普通的食材，也能在妈妈的手中摇身变成很棒的野餐食物哦。

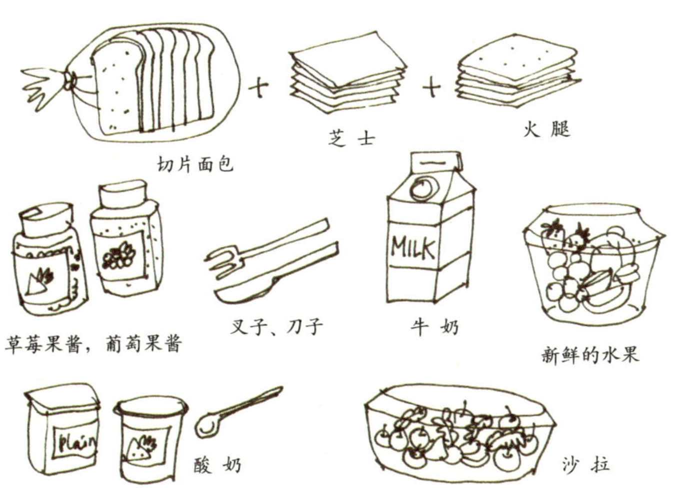

2. 有了电饭煲，合胃美食随便挑

出国旅行的韩国人，大部分都因为外国的食品太过油腻而大发牢骚，据传还有人在面包上涂辣椒酱吃的故事。我们家，特别是孩子，肯定不可能仅仅用面包或快餐来草草解决吃饭的问题，所以我准备了几样东西，迷你电饭煲、海苔、酱肉和酱菜。美国的旅店和酒店是不允许用明火做饭菜的，熬制味道浓重的酱汤就更加不可能了。不过没有味道又不需要点火的电饭煲就绝对 OK 啦。睡前，按下煮饭的按钮，第二天出发前，再放入酱肉或酱菜，做成饭团或紫菜包饭。这样的午餐不只是孩子，就连大人也非常喜欢。如果碰到不提供早餐的旅店，还可以解决早餐的问题。

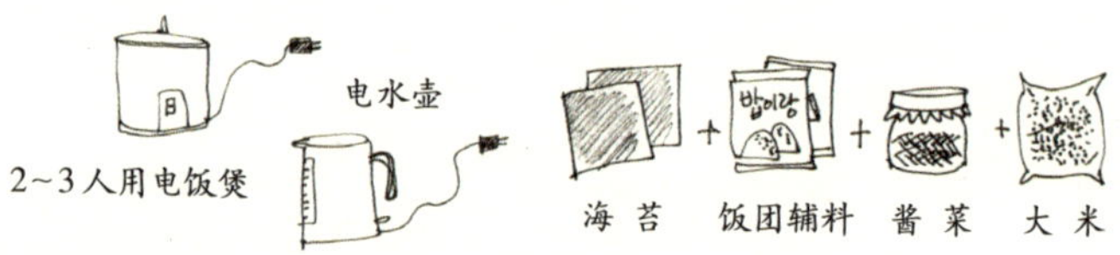

3. 提供快捷服务和凉风的快餐店

快餐店最大的优点就是快捷，而且那些受够了阳光炙烤的游客最想的就是在店里舒舒服服地吹冷风。除此之外，这里还有一个大优点，就是不需要使用太多英语，只要说出图片旁写着的数字，就可以完成点餐。

麦当劳 & 汉堡王(Burger King) & 盒子里的杰克（Jack in the Box)

作为世界级快餐品牌，这些餐厅在美国的高速公路上随处可见。它们通常设有供孩子们玩耍的儿童乐园，不过汉堡不仅没有营养，还容易让人发胖。

塔可钟（Tacobell）& 丹尼家（Denny's）

这两家餐厅也曾经出现在韩国，但都以失败告终。我想可能是因为这两家餐厅的价格都太贵了，可能因为电影《超级战警》（*Demolition Man*）中西尔维斯特·史泰龙去的西餐厅的名字就是“塔可钟”，所以让人误以为这是个昂贵的高级餐厅，其实在美国它不过是一家价格低廉的快餐店而已。在塔可钟可以品尝到炸玉米饼和鸡肉卷等墨西哥食品，在吃腻了汉堡的时候不妨可以试试看。在这里可以品尝到国内不常见的食品。当然，这里的食物不一定能满足所有人的口味。丹尼家是一家西餐厅，早餐和午餐主要提供新鲜的薄饼、炸鸡蛋和培根等美式食品。虽然这里的咖啡味道很不错，但我更想推荐他们的奶昔，因为不仅味道非常好，而且份量多到足够 3 个成人吃。缺点是比一般快餐厅价格贵，点餐的时间通常也比较长，而且，一般只在大都市才有。

当然，还有其他很多方法来解决用餐问题，但我们家利用这些办法成功地解决了旅行途中的吃饭问题。

游览大峡谷的方式有哪些？

01 空中旅行 Air Tour

从拉斯韦加斯或大峡谷的飞机场出发，乘坐轻型直升飞机。在空中视野非常好，可以看到整个大峡谷的全景，可是价格也不低（一个人大约200美元），另外高空飞行还可能让孩子感到害怕。

太贵了，幸亏智儿不想坐。

哇，好像很有趣耶！

02 南缘的园内班车旅行 South Rim Bus Tours

这是大多数旅客选择的旅行方法，也就是乘坐国家公园提供的园内班车按照指定的路线，在较大的景点下车观赏大峡谷。为了防止园内班车对环境造成污染，现使用环保型汽车运行。带孩子或与老人一起旅行的时候，这种方法可以减少步行距离，还可以在车内躲避骄阳的暴晒。

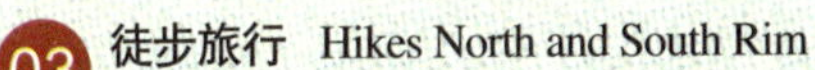

03 徒步旅行 Hikes North and South Rim

即沿着大峡谷徒步进行游览（South Kaibab Trail，Hermit Trail 等）。要注意的是这些路线常常陡峭得吓人，路程也不短（South Kaibab：从大峡谷的顶端一直到最低处大概有 11 千米）。在徒步游览中，可以看到很多隐藏在大峡谷里的美景。不过由于天气炎热，身体能量消耗大，游客要谨慎选择，这一路线带孩子一起是绝不可能的。

04 骑骡子或马进行的游览 Mule Trips&Horse Rides

即骑骡子或马按照指定的路线到峡谷下观光。这个方法和徒步旅行一样，在缓慢的行进中可以欣赏到很多隐藏在峡谷中的美景。因为要借助于动物，所以价格不菲（3 小时 117.4 美元起价），而且这一游览方式太过受欢迎，所以预约已经排到了一年之后。

05 漂流 Water Raft Trips

即沿着科罗拉多江水漂流，仰望大峡谷美丽风景。虽然也有在湍急的水上漂流的项目，但为了能更好地欣赏，可以选择慢慢地漂流。这种方式能给你一种特别的体验，以全新的视角观赏大峡谷。它的缺点就是价格昂贵（大约 75 美元），而且要到其他地方乘船。另外，孩子要在 4 岁以上才可以选择（智儿旅行时还没有满 4 岁，所以只好放弃这一游览方式）。

帅呆了的露营夜

在高速公路上狂奔了 6 个半小时之后，我们终于幸运地在日落之前到达了大峡谷南面的入口。一看到科罗拉多大峡谷的指示牌，长时间的疲劳一下子就烟消云散了。车后座上的智儿一听说到达了大峡谷，立刻把车窗放了下来，恨不得马上能下车。不过可惜的是现在已经看不到日落了，眼前的风景还是和之前的一样，智儿的目光又重新回到了她心爱的玩具身上。

“智儿啊，今天我们先把住处安顿好，明天太阳公公一出来，妈妈就带你去看大自然的美景。”

好了，现在让我们向着南缘露营地出发吧！

我们从亚利桑那的威廉姆斯出发，沿着通往大峡谷公园的 64 号公路行驶，到达南边的入口后，就径直向着大约 5 千米以外的

“妈妈营地（Mother’s Campground）”飞驰。我们在露营地入口的咨询处确认好之前的预约地点，就驾车驶向了树林深处，去寻找我们的露营点。

我暗想，能顺利找到露营点吗？

巨大的大峡谷公园无时无刻不在炫耀着自己庞大的身躯，让我担心会迷路。不过，我的忧虑只是暂时的。迷宫一般的公园里，每个交叉路口都立着亲切的路标指示牌。

郁郁葱葱的树丛里，帐篷和露营车之间分明写着数字“No. 299”。这正是一个月前我和 Dew 挤在电脑前预订的那个地方。我们露营点的数字看上去巨大无比。我们选择这里的原因是周围不到 5 米就有厕所，而且离用水和用电的地方很近，便于使用。不过在电脑屏幕上看到的地图并不如实际的景象清晰直观，所以我和 Dew 还曾为此争论了一番。

“这个地方真是好位置么？会不会很脏很乱？”

“价格这么便宜，确实有点让人疑心，但我总觉得这里比小木屋或小旅馆要好。”

“厕所离得太近了，会不会有异味呢？我最讨厌闻着厕所味儿入睡……”

不过到了现场，才发现一切都是杞人忧天。No.299 的附近有着大片的空地和高大的树木，厕所离得不远，周边很干净，所以近在咫尺的厕所反倒成了这个露营点的一大

优势。另外，支帐篷的地方旁边留有可停放两辆汽车的空间，这样我们可以很轻松地卸下行李。这比想象的还要好，绝对的最佳位置。

Dew，我们的选择太棒了！

这一刻，我感到我们没有选择大峡谷公园里众多的小木屋和小旅馆，而选择了这里真是帅呆了。这里不但价格便宜，还可以尽情地呼吸公园里的新鲜空气。沉浸在自我满足中的我们，终于从车上卸下了为了这次露营而新买的大帐篷。对我来说，不只露营是生平第一次，支帐篷也是生平第一次。我们手忙脚乱地折腾了一阵子，却失败了。无奈之下，我们只好先看看别人的帐篷后

才最终支起了自己的帐篷。智儿在帐篷成型之前，就跑进去又是打滚又是翻跟头，简直和到了游乐场一样开心。

“智儿，帐篷还没弄好呢！我们必须在太阳下山前把它搞定！赶快出来！”

看着异常兴奋的智儿，我的心里微微泛起了满足感。

傍晚金黄色的夕阳照进了绿莹莹的树丛和我们的帐篷里，一切都那么安静。虽然没能看到大峡谷的绝色美景，但这让我仿佛置身于电视剧或电影之中，成了其中的主人公。

嗯？这画面在哪儿看过呀……

是《虎豹小霸王》(*Butch Cassidy And The Sundance Kid*)吗？

支好了帐篷，差不多要准备晚饭了。这时听到远处传来“踢踏踢踏”的马蹄声，远远望去，是一个骑着马的年轻管理员。就

好害怕她搭话啊，不会英语怎么办？

像在韩国遇到外国人时一样，因为担心她会和我说话，我紧张得心脏狂跳起来。是啊，身在美国，我仍挣扎在英语的恐惧里。不过Dew和我完全不同，他大大方方地看着女管理员，先和她搭上了话。

管理员：Hi, did you enjoy your time here?（嗨，在这里过得愉快么？）

Dew：Yeah, it was great!（是的，非常不错。）

管理员：How's it going getting your tent set up?（帐篷搭得怎么样？）

Dew：It's going okey, we just got here, but the tent is almost set up already.（还不错，我们刚刚才到，帐篷基本搞定了。）

管理员：Can I do anything to help?（有需要帮忙的么？）

Dew：No, that's okey! We're going to make dinner soon. Would it be okay to make a fire?（哦，不。我们正打算做晚餐，这里可以点火吧？）

管理员：Actually, no. We do not allow charcoal or wood fires in the park.（不可以。公园里是不准许用木炭或木材点火的。）

什么？网上明明写着可以。我本来还打算点个篝火，像查理·布朗一样烤个果汁软糖，再喝杯热巧克力呢。这下可泡汤了。

Dew：Really？The website said it was okay.（真的？但是网上写着可以。）

管理员：It used to be allowed, but the policy was recently changed. You probably got old information. I'm sorry, but fires are no longer allowed. Do you have any other questions?（以前是可以的，但是公园的规定改了。想必你看的是以前的内容。很抱歉，但是现在是不允许点火的。你还有什么问题吗？）

Dew：No. Maybe later. Thanks, anyway.（不，暂时没有了，再有问题我会向你询问的，谢谢。）

管理员：You're welcome. Enjoy the evening!（不用谢，祝你们度过一个愉快的夜晚！）

骑着马的管理员微笑着和我们告别了。本想点上篝火浪漫一下的，如今却成了泡影，这让我们难免有了些许失望。不过映着公园的美丽风景，穿着制服骑着马的公园管理员让我感到自己到美国的国家公园来是受欢迎的，而且它也拉开了露营第一晚的序幕。

这让我想到了在韩国的公园里，到处都是写着“请不要践踏草地”、“严禁生火”、“请收走垃圾”的指示牌，哪有能让人安静舒服的休息地方？而且本来是想去亲近大自然的，却被那些想多挣一分钱的商人们弄得一肚子不痛快。

要是韩国的公园或休息场所里也有穿着制服的管理员，带着亲切的微笑，对每个游客真诚地问好那该有多好啊。除此之外，

我有种错觉——仿佛我正在陌生的地方经历着其他人不曾经历的，一个人做着其他人做不到的事情，这种错觉让我感到兴奋和愉快。

如果能形成一种让人真正享受自然的完美公园文化就更好了。失望中，我将带来的火炉和准备好的树枝燃料等重新放回车上。智儿却仍然自顾自地沉浸在兴奋之中。

“妈妈，妈妈！刚才来的那个骑马的阿姨真帅啊，她骑着马去那边了。现在又在和别的叔叔说话吗？她骑的马可真大啊！”

智儿让我想起了我们此次旅行的本质。从家里走出来，到郊外露营，这本身就是件足以让人开心的事了。就算没能点起篝火，但我觉得这就是真正的旅行。在著名的景点兴致勃勃地拍摄纪念照片，不如在这样的地方露营，好好享受一下大峡谷的自然风光，我认为这才是真正的旅游。

我们吃过饭，坐在椅子上，小憩一下或看会儿书，尽情地享受着大峡谷的自然美景。虽然没有高档的露营器具和装备，但是与大自然一起度过的这两天，我内心异常平静，完全不为任何事着急了，也觉得没有必要急切地按下照相机快门，以证明我们曾经到过这里。因为在这里，有大峡谷的美景陪伴我，我可以尽数星辰，感受自然的呼吸……

如果有人问我，是否到过大峡谷？我可以自信满满地大声回答：

“是的！我在大峡谷住过，在那里生活过，还在那里看到了日出和日落。”

和孩子一起露营时的必备物品

离子水饮品

纯 水

Baby 防晒霜

太阳眼镜

防止留下伤痕的药膏

智儿备用尿桶（有盖子）

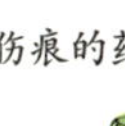

创可贴

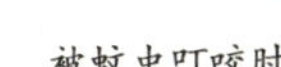

被蚊虫叮咬时需要的“风油精”

纸 巾

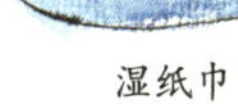

湿纸巾

暖和的毯子

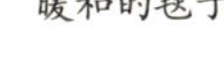

便携式折叠椅

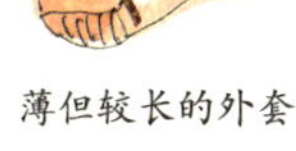

薄但较长的外套

死亡之旅归来的爸爸，累瘫了

这次旅行最大的遗憾就是没能和 Dew 一起徒步进入大峡谷。早在出发前，我们就在网上了解到徒步旅行对智儿来说是绝对不可能的事。不过我还是期盼着会出现奇迹，所以在到达后，我们还是去了观光介绍所询问，结果得知徒步旅行对一个刚刚 4 岁的孩子来说是非常过分的要求，并被告知绝对绝对不能带孩子去。我们在韩国的时候，就想过让智儿骑骡子和我们同行的方法，不过正如前面提到的，这一项目的预约已经在一年前就截止了。无奈之下，只有放弃徒步旅行。

当在无尽的遗憾中准备放弃的时候，我发现 Dew 闷闷不乐。我突然记起，在准备旅行的时候，Dew 就说一定要挑战一次徒步旅行，并且不断强调大峡谷旅行的最美之处就是顺着峡谷一直走到科罗拉多江。于是，我说：

呵呵……太棒啦！

“其实我无所谓，要不你一个人去吧。”

这太阳，不用
这么热情吧？

“真的？我自己去你也不介意？”

“嗯，我和智儿在帐篷里等着你。”

“那……我明天凌晨出发，快去快回。”

Dew这才露出了灿烂的笑容，而我只能努力地藏好遗憾。第二天凌晨，Dew开始为徒步旅行作准备。按照旅行介绍所给出的建议，他准备了大量的水以及对付虚脱所需要的食盐，还带了袜子等其他物品。Dew没有掩饰对我和智儿的歉意，“我给你们带照片回来，还有录像。”

Dew终于向着南缘的一个徒步路线南凯巴布（South Kaibab Trail）出发了。

开始承诺要给我们带科罗拉多江江水回来的Dew，出发前在和旁边帐篷的美国人聊天中得知，要想走到大峡谷最下面的江边至少需要大半天的时间，所以无奈地将计划改为在3小时内回来。Dew说因为时间原因不可能下到科罗拉多江边，但是他会照很多很多的照片给我们看。Dew 出发后，我又进入了梦乡。凌晨 6 点出发的 Dew 大约会在 9 点回来，所以我在 9 点以前起身为 Dew 做顿可口的早餐。为此，我和智儿度过了一个忙碌的清晨。不过 Dew 比约定时间晚了大概 30 分钟才拖着被汗水浸透了的身体回到帐篷。此时已然看不到出发时那朝气蓬勃的样子了，在我们面前的只是个瘫软的小可怜。吃过早餐，我们开始听 Dew 的“冒险故事”，并迫不及待地翻看着照片。

在如刀削一般的绝壁上，能看到弯弯曲曲的小路蜿蜒在科罗拉多大峡谷的峡谷之间。站在下山路上仰望到的大峡谷，完美地展现着自亘古时就拥有的生命力，每迈出一步都能发现隐藏在大峡谷中那一个个绝色美景。Dew 说，在壮观的峡谷和自己之间除了空气，似乎什么都没有。他告诉我没能亲自去看看这就在眼前

的景色真的是会后悔一辈子的。Dew 骄傲地说着，我只剩下满心的遗憾。

“照片上根本看不出来，那些景色绝对是用照相机装不回来的。所以我说得亲自去看呢！真的，现在想想，真觉得去对了。”

但是 Dew 接下来的话，又让我感到没去也是幸运的。通往大峡谷下面的路算是很舒适的。Dew 说，他一边用相机拍美景，一边四处观望着往下走了大约一个小时。当他打算往回走的时候问题出现了，因为回程的路和他预想的简直就是天壤之别。

此时太阳已经升起，火辣辣地照着大地，大峡谷成了一个巨大的“蒸笼”。往下走时处处可见的树荫此时已经无处可寻。更要命的是，下山时没觉得有多了不起的斜坡，在上山时却成了无比艰难的一段路。身上的衣服因为汗水中的盐分而呈现出一个个白色的小点。随身带的两大瓶水在上到 1/3 的地方时就喝光了。

口渴到头晕目眩，受罪，大概没有比这更准确的描述了。（因为严重的眩晕，Dew 在吃过早饭和头痛药后躺了足足一个小时）还没到一半，腿也抽筋了，身边过往的人开始模糊。后来我们才知道，太阳出来后进行徒步旅行是相当危险的，所以基本没人选择这个时间下山。Dew 说，他甚至怀疑自己会不会就此客死异乡了。幸运的是，后来的徒步游客帮了他，给他水喝，还搀扶着他走了一个小时。同样的路，上山的时间比下山所用时间多了足足两个半小时。

没去真是对了。假如我去的话，能顺利地完成这次徒步旅行吗？Dew 一个大男人也不过如此，我这个与运动隔绝，每天只躲在工作室里画画的人是肯定不行的。我突然觉得我没能去可能是上天对我的厚爱。

“回到韩国，我一定得好好锻炼！为了以后能看这样迷人的风景，看来先要练出个强健的体魄才行。”

我在 Dew 下决心的时候也有同样的想法。

“科罗拉多大峡谷，你等着我！总有一天，我会再来这里，到时我要完全征服你！”

我要连空气都装得下的相机

吃过晚了好几个小时的早餐，我们或是在日记本上涂涂画画，或是睡个回笼觉，度过了一个悠闲的上午。等到下午，Dew 差不多从徒步旅行的疲累中恢复过来了，我们才决定带着智儿去大峡谷旅行。带上相机、饮料还有智儿的婴儿车出了帐篷，向着可以乘坐园内班车的交易广场（Market Plaza，类似中央广场的地方）走去。

在去往交易广场的途中，我们看到了在路边悠然自得吃着草的小鹿。曾经只在动物园里见过的鹿，如今就在自己眼前自由自在地“散着步”，我、Dew 和智儿都瞪大了双眼。不过小鹿可不像我们这般惊讶，它一点都不怕人，尽情地享受着与自然在一起的美好时光。

园内班车还没来，我们看着地图仔细研究了一下要参观的路线。（园内班车的行车路线可以在各个汽车站或观光介绍所领取。）

园内班车运行所需时间分成30分钟、60分钟和75分钟三种，分别用绿色、蓝色、红色三种颜色表示。我们最后决定，先搭乘可以看到南缘中心大景点的蓝线，再换乘可以看到东缘大景点的绿线，最后乘坐蓝线去换乘可以看到南缘大景点的红线。

我们怀着热切期待的心情就像在游乐场里等大象班车（韩国游乐场或动物园内的观光车外形一般都是大象、狮子或其他动物的样子。——译者注）的孩子一样。当使用天然气作燃料的环保汽车停在我们面前时，以一直闹着要先上车的智儿为“首领”，我们排成一字队形慢慢上了车。大家都安坐好之后，汽车缓缓地出发了。坐在椅子上看向窗外的智儿，眼睛闪闪地发着光，此时

我似乎也感到了孩子满心的期待和兴奋。逐渐加速的汽车让我和Dew 的心也跟着“扑通扑通”地狂跳起来。

汽车带劲地飞驰着。我满心期待地看看窗外，却只看到与露营地相似的茂密树林。屏气凝神好像排除了一切杂念的智儿，在看到窗外熟悉的风景持续地出现之后，也开始拨弄自己的手指了。突然，我们听到司机宣布到达了景点，本来以为会被带到什么迷人的地方，不料却是一个平凡无奇的地方。大家各自整理好行李开始下车，瞬间，让人惊讶的事情发生了。依照向导来到景点观赏台，哇，原来大自然鬼斧神工的作品正等着我们的到来。即使是炎热的仲夏，在这样意外的风景前，我还是被感动得一塌糊

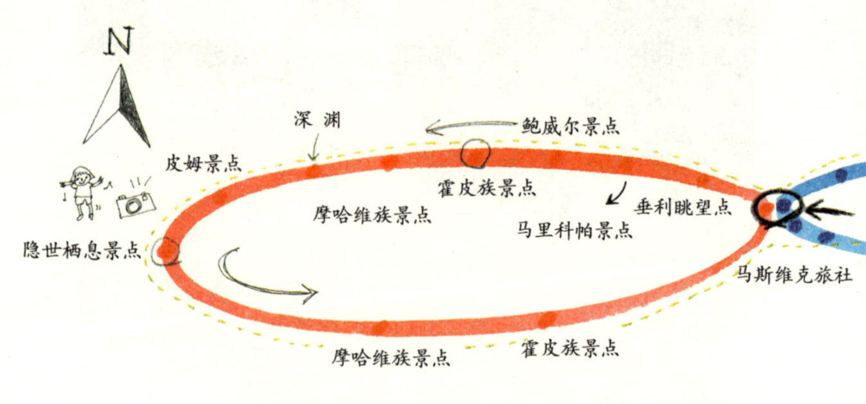

隐士休息线（Hermits Rest Route）
（75 分钟的环形旅程）

涂。铺展开的风景，和读中学时拉着妈妈的手看到的风景截然不同。真不知道这么美丽的景色为什么我直到现在才看出来。

拿出照相机？不是吧，用两只眼睛都难以看全的大自然之美，根本不可能放进相机那小小的盒子里。我想如果有这样一种相机该多好啊，它能把现场的风景完完整整地收入其中，当然最好连空气都能放进去。那么我就可以把这些风景统统放进相机，想看的时候就拿出来看看。

现在我只能暂且把它们放进记忆的储藏室中保管。唯一期待的就是我脑子里的橡皮不要擦掉它们。

妈妈，看我画的科罗拉多大峡谷！

科罗拉多大峡谷真实地记录了地球上曾发生的各种地质变化。可以说，它是地球历史的见证人。大峡谷呈现在我们眼前的是地球形成的过程，这让我备受感动。印刻着地球历史的大峡谷，泛着蓝色光芒的科罗拉多江，共同形成了一幅美丽的巨幅画作。我曾在何时也有过同样的感觉……对，没错，是上学时看到夏卡尔（Chagall，犹太人，画家，最著名的画作是《乡村与我》。——译者注）画作的瞬间。利用形而上学视角塑造的画作让我受到了巨大的冲击。这么看来，美好的事物是不会在岁月的流逝中褪色的，反而会随着时间的沉淀绽放出更灿烂的光芒。科罗拉多大峡谷真不愧是世界最伟大的遗产。

我们差不多有 4 个小时一直在乘车和换车，也在间隙欣赏着大峡谷的绝景。之后每一处景点看上去都差不多，再也没有能让我比看到第一处景点更感觉震撼的了。直到夜幕降临，夕阳西下，大峡谷也换上了一身火红的衣装时，我才又感到了别样的感动。结束了一天的大峡谷之行后，我们在晚霞的映衬下回到了露营地。回去的路上我突然想：

智儿能否在以后的日子里也记得这里的风景呢？就像我和Dew感受到的那样，这里的风景在智儿看来是否也是新奇、迷人和特别的呢？她会不会像小时候的我一样，与自然美丽失之交臂，轻易地就忘了今天看到的一切呢？

可是，一旁的智儿，却让我着实吃了一惊。帐篷里，智儿一边大声喊着还不能正确发音的“科罗拉多大峡谷”，一边在素描本上画了一些奇奇怪怪的石头。

她说：“妈妈！这是我今天看到的科罗拉多大峡谷。”

智儿一边灿烂地笑着，一边跟我说。智儿开心的样子，还有稚嫩的画作，似乎又为我们的美国之旅增添了一份坚定支持的力量。

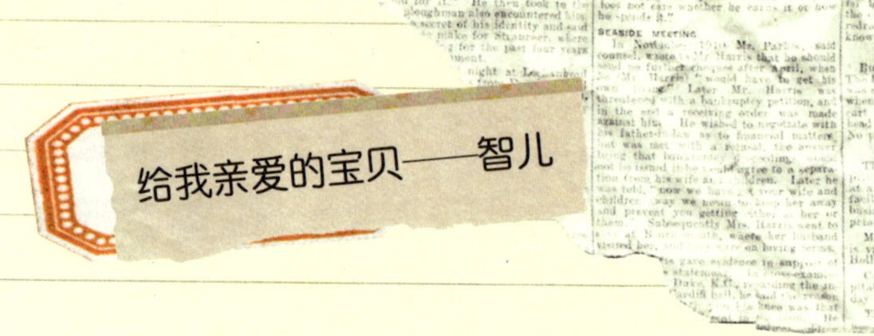

给我亲爱的宝贝——智儿

智儿啊，妈妈曾在 15 岁的时候来过大峡谷。
那次旅行是以大人为中心来安排行程的，也就是人们常说的团体旅行。
这样的旅行根本说不上自由，而我自然是以某某女儿的身份跟着大家的。
在韩国导游的带领下，乘坐迷你小公车，从头到尾只说韩语，只吃韩餐……
真的是一次无聊透顶的旅行。

所以，对妈妈来说，大峡谷的旅行并没有什么特别的回忆。
在这个被称为世界九大奇迹之一的天然大峡谷面前，在伟大的自然面前，
妈妈能做的就是跟着大家乘车到景点，然后“呼噜噜”地下车，
照上一张团体照或个人照。你也看见过吧？
咱们家相册里的那些照片。妈妈每次一看到那些照片总是想笑。
因为每张照片变化的不过是风景而已，
人们不自然的笑容和每次摆出的姿势毫无变化。

我们到底为什么旅行呢？

17 年后再次来到大峡谷，想抹掉过去的记忆。
我不想让智儿也和妈妈当年一样，我想给你一次真正美好的旅行体验。
所以妈妈和爸爸计划了这次旅行。
真正的旅行不该是单纯的观光，而是一次探险……

好了，智儿，现在让我们睁大双眼，
用探险家的眼睛感受美丽的世界和自由，并将它们都珍藏在心里，
在享受休憩和闲暇的同时慢慢融入大自然吧！

没给智儿买印第安娃娃，太遗憾了

结束了大峡谷难忘的露营生活以后，我们先朝大峡谷的东面驶去，这样我们就能更早地到达下一目的地——纪念碑山谷。途中，我们不时地停下来，在东面的几处展望台游玩照相，突然远远地，一个外形酷似展望台的建筑吸引了我们的目光。

原来那是位于东面入口附近，可以眺望沙漠全景的瞭望塔（Watch Tower）。它的外形很像韩国的占星台。瞭望塔是用石头堆砌的，非常坚固。它出自于女建筑师玛丽·简·考特（Mary Jane Colter）之手。据说，玛丽·简·考特是一名完美主义者，她亲手将这些石头一块一块堆砌起来，这耗费了她近3年的时间（1930～1933年）。

我们磕磕巴巴地读完了入口处的介绍，登上了旋转楼梯，它将把我们送达可以将科罗拉多大峡谷尽收眼底的顶塔。塔内装饰着展现印第安土著人生活的壁画，好像一座别具风情的博物馆。我们慢慢地沿楼梯而上，看着这些印第安壁画，我不由得想起了曾在教科书上看到过的拉斯科（Lascaux）壁画。爬到塔顶可不是件轻松的事情，我们一边继续向上爬，一边感到呼吸渐渐加快，智儿的说话声暂时转移了我的注意力，“这个是乌龟耶！这个是兔子？画得还不如我好呢。”

我们终于到达了塔顶。站在瞭望台上，科罗拉多大峡谷壮观的景色一览无遗。我们在与大峡谷做了最后的告别之后，重新回到了一楼。那里有销售纪念品的小商店，店内满是印第安娃娃和小装饰品，就是价格太贵了。智儿大概也知道这里是玩具商店，所以高兴地跑到柜台前，欣赏柜台上满满的印第安娃娃和木刻动物玩具。

“妈妈，我要这个。爸爸，这个娃娃我没有！”

不是吧？买这些娃娃的钱，都够我们吃好几顿饭了。我好不容易才从智儿的吵闹中脱身，仓皇失措地逃出了小商店。但是，现在却为没买到印第安娃娃作纪念而感到后悔。如果有一个，智儿就能一直留着，偶尔摸弄着玩上一会儿，也算是这次旅行的纪念吧。

智儿啊，快来
救救妈妈！
成了长发公主的Viu

大峡谷三天两夜行程图

6月22日

01 从洛杉矶出发！

02 途中下车照相，吃午饭

05 露营地的第一个夜晚

6月23日

01 早上6点Dew独自去徒步旅行

02 Dew10点才回来，休息，吃午餐

05 在亚瓦佩自助餐厅（Yavapai Cafeteria）吃了顿有点晚的晚餐

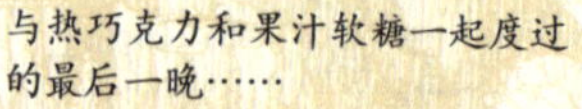

06 与热巧克力和果汁软糖一起度过的最后一晚……

经过6小时32分钟的行驶，终于到达了科罗拉多大峡谷！

休息，吃晚饭

下午2点开始在科罗拉多大峡谷观光

04

晚上6点回到住处，啊，发生了乌鸦袭击事件！原来在我们观光时，堆放在我们帐篷旁边的食物被乌鸦吃了个精光。
提示：请一定注意露营地里饥肠辘辘的乌鸦！

6月24日

早上10点打包行李，收拾帐篷，离开露营地。登山，立在瞭望塔上，观赏沙漠全景。
从东门出来，向纪念碑山谷出发！

相册
Photo Album

在车用儿童座里睡着了的智儿，一定是厌烦了漫长的旅行。

科罗拉多大峡谷不只有峡谷，还有很多这样的小路。

啊，真热呀！

如画卷一般展现在眼前的科罗拉多大峡谷全景

拍照的 Viu

Indian doll

啧啧……
那时我说了要买吧！

做工很特别的印第安娃娃~

这个织布娃娃真的非常可爱~

木刻装饰~哪怕稍微便宜点也好啊……

瞭望塔内

哈哈哈，我要飞上天啦！

啊，好重……

喜欢照影子的 Dew & Viu

看到外国人就无比好奇的智儿小朋友

妈妈，我也想到那
下面去看看

Travel 2 纪念碑山谷 (Monument Valley)

荒凉的土地上，

有一群人被遗忘在了文明之外——印第安人

美国这富饶国度里最穷的人，

他们的笑容早已遗失在苦难里，

孩子啊，

请记得，想要生活美好不容易，

身上没有几处伤痕的人，

怎么可能是英雄？

110548606
POLAROID® 35
Monument Valley

纪念碑山谷到底是个什么样的地方?

纪念碑山谷是位于科罗拉多大峡谷东面278千米处，即犹他州、科罗拉多州、亚利桑那州、新墨西哥州四个州的交界地西面97千米的地方，也就是在有着6 475 200平方米面积的印第安纳瓦霍人自治区域（Navajo Nation Indian Reservation）的北面。在很多西部电影和我们熟悉的《回到未来3》（*Back to The Future Part III*）中，都曾作为印第安人生活的背景出现过。因此，一年到头都有游客来这里找寻历史的痕迹。

纪念碑山谷不但是纳瓦霍人的圣地，也记录了印第安人的不幸。这片红色平原虽然看起来好像是一片毫无价值的荒地，却是印第安纳瓦霍人从祖上继承来的伟大遗产。如果你看到这片被红色砂石覆盖着的广阔平原上冒出来的奇岩怪石和悬崖峭壁的话，你也会产生敬畏之心，并理解纳瓦霍人对这片圣地的感情。纪念碑山谷的形成可以一直追溯到人类出现之前。今天的这片土地是在落基山脉被侵蚀后，砂石堆积形成断层，在风化、地壳运动和热力作用下慢慢演变形成的。

印第安纳瓦霍人自治区不属于国家公园的范畴，归印第安自治区管辖，门票（5美元）需单独购买。为了在自治区内不打扰到印第安人的生活，有必要提前到游客中心去获取信息并了解注意事项。

该怎么游览纪念碑山谷?

01 自驾行，自由有趣，万事靠自己

沿着163号高速公路往南行驶大概6千米，可以看到游客中心。顺着纪念碑山谷中的一条道路行驶一段就可以找到中心。走进中心，不只可以尽情地享受空调冷风，还可以使用让人心情愉快的厕所。（厕所对于带孩子一起旅行的人来说，是最重要的设施之一。）在中心里可以阅读一下各大景

点的介绍，而且最好在此时制订好旅行计划。如果需要帮助，还可以在旅行介绍所里听到详细的说明。一旦订好计划，就可以按照从售票处或游客中心拿到的地图开始大景点旅行了。

预计所需时间 3~4 个小时（智儿家的选择）

优点 可以自由选择观光景点。（可以和孩子一起画画，行动不受限制，自由观赏。）没有多余的费用，也不需要听或说英语。

缺点 因为是自驾行，所以只能行驶在开放的路上，很难看到隐藏在纪念碑山谷里的真实面貌。另外，基本都是曲折蜿蜒的土路，而且灰尘较多，这就需要特别注意车子的状态和行驶安全，而且纪念碑山谷的各种信息都要靠自己寻找。

02 跟导游，长见识，价格贵

其实，在纪念碑山谷进行自驾游是有一定难度的。由于道路崎岖不平，车子很容易出现故障。加上只能行驶在大路上，所以差不多都是走马观花式的观光。如果时间和资金允许，建议大家选择跟导游一起游纪念碑山谷。这种形式的旅行可以分成吉普旅行、骑马旅行、徒步旅行等几种。由于各旅行社有自己特许的道路通行，所以跟着旅行社能在游客不能独自游览的道路上，看到纪念碑山谷多样的面貌，在观光的同时还能听到更详细的说明。

另外，还可以选择两天一夜的游览。晚上可以在印第安人传统的房子 Horgan 中度过，会成为非常不错的回忆。（2 小时 30 分钟的吉普旅行+Horgan 体验的价格是一个人 112 美元）

所需时间 1 小时 30 分钟到两天一夜

优点 可以听导游讲解纪念碑山谷的特征和印第安纳瓦霍人的故事，令人安心而舒适。坐吉普车或骑马旅行还会成为非常特别的体验。

缺点 需要的时间和费用较多。虽然只有一个半小时的短程旅行，但费用相当惊人（一个人一个半小时的吉普旅行需要 62.4 美元）。另外，同行中如果没有懂英语的人，还会错过导游精彩的故事。

有父母陪伴的孩子最幸福

我们在高速公路上以超过 120 千米的时速，向着下一个目的地——纪念碑山谷飞驰了 274 千米。

之前，一直生活在交通拥挤的城市中，所以一开始并不习惯这样人烟稀少的高速公路。不过很快我们就喜欢上了这种在空旷的路上高速飞驰的感觉。我们忘掉城市里折磨人的交通状况，乘着风开心地狂奔着。在大峡谷的三天两夜，智儿的小脸被晒得通红，看上去却没有半点疲惫，反而总是带着明亮的微笑，两只眼睛亮晶晶地闪着光。

“不累吗？没事？”看着智儿，我有点担心。

只要是和爸爸妈妈一起旅行就足以让孩子兴奋不已，而我们曾将她关在令人发闷的都市中，常常以太忙作借口，很少陪她玩。谁曾经说过，比起昂贵的玩具，孩子与父母在一起才更幸福。我看着智儿，觉得这句话说得真对。

“智儿啊！爸爸妈妈没能经常陪你玩，对不起！”

美好生活不容易啊！

车子载着我们又飞驰了好一阵儿。看腻了的风景还在持续着，我打着哈欠，无聊地看向窗外，突然一个看上去像是印第安纳瓦霍人村庄的小村落出现在我的视线里。要是到那个村落去，能见到真正的印第安人并和他们说会儿话吗？虽然这并不在我们的计划之中，但我和 Dew 为了不留遗憾，还是鼓起勇气掉转了车头。

这是一片炙热阳光直射下的荒凉沙地，被遗弃的破车被尘土覆盖着，散落在各个地方。除此之外，还有用破旧的房车改造而成的家；也不知道是作为出行工具，还是为了接待客人用的马，在破旧不堪的栅栏里不停地喝着水。我们向四处张望，却半个人影都没看到。可能在这快要把大地烤熟的天气里，人们都躲在家里不肯出门吧。我们从车上下来，除了炎炎烈日和发着黄光的沙地，一无所有。马儿的影子长长地拖在沙地上，这一切就像西部电影中的某个场景一般牢牢地抓住了我们的视线。我们在快要将

五彩缤纷的彩虹布
真是够荒凉的!

人烤化了的太阳下，迎着时不时吹来的满是沙砾的风站了一会儿，脑子里浮现了各种各样的想法。

时间并没有将所有人都带到文明世界。经济上的发展和繁荣并没有惠及所有人，被排除在外的只能消失在历史之中。留下的只是残存的废墟。我的内心充满了感伤，这就是被称为根的东西吧？

在这个富饶的国度——美国，印第安人自己的土地被开拓者（从印第安人的角度看，是掠夺者）抢去，被迫来到这炎热的沙漠。他们只能将曾经丰饶的过去封印在历史之中，在这片干涸的沙漠上扎下自己的根。

可能是因为这种想法，让在太阳底下等待游客的干瘦马儿，因疲劳、炎热不停喘息着，看上去也是如此的可怜。而马的主人印第安人的生活又何尝不是像马一样劳苦呢？在这片干涸的土地上，对美好生活的追寻是如此的艰难。

与印第安纳瓦霍人相遇的希望破灭了，因为好像再多站一会儿的话，炙热的太阳就会将我们一家人烤化了。带着最后的期待，开着车在村子里逛了逛，但是没能发现热情迎接异乡人到来的印第安人，相反，我们看到的却是他们希望我们快点结束观光离去的眼神。昏暗的树荫遮挡着人们的脸庞，让我感到生活在苦难中遗失了笑容的人们，根本没有心情欢迎到访的异乡人，而他们将这一心情完完全全地传达给了我们。

从村子里出来的路上，我想起在各个旅行地遇到的白人，他们总是友好地欢迎我们。我再次明白了即使在同一个国家，同一个时代中生活的人们，生活也可能是完全不一样的。从村落出来，回想着西部电影中骑马奔驰在广阔沙漠上的印第安人，我希望他们至少能得到最基本的安全和幸福。

纪念碑山谷
纳瓦霍观光公园（Navajo Tribal Park）

用红色标记的路线是我们驾驶租用车游览纪念碑山谷的顺序。我和智儿一起兴趣盎然地找长相奇特的岩石，并给它们起搞笑的名字。

我们看了手套、大象、骆驼、大拇指和三姐妹等纪念碑山谷极具代表性的岩石，孩子还从自己的视角画了岩石的模样。

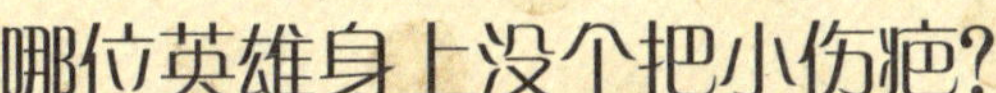

哪位英雄身上没个把小伤疤?

可能是因为快到纪念碑山谷了，路边的土渐渐从橘红色变成了火红色，还出现了一些长得稀奇古怪的石头，甚至有一栋房子那么大的石头。我看着这壮观的景象不住地按着照相机的快门。

终于，看到了表明纪念碑山谷已经到达的建筑——售票处了。我们购买了门票后，“野心勃勃”地驶入了纪念碑山谷（纪念碑山谷是印第安纳瓦霍自治区内的部族公园，需要单独购买门票）。一过入口，就看到延伸到远方的火红色的土路。我们的车子一路潇洒自由地“跳跃”着，车里的我们，也跟着上上下下地不停颠簸。我似乎瞬间穿越了时空，回到了远古时代。我们全家正乘着马车，飞驰在沙漠之中……

“哦耶！飞奔吧，飞奔！”

兴奋飞驰着的汽车，前盖已经被灰尘覆盖，伴随着噼里啪啦的声音，不断地被小石粒骚扰着。我们要看清前方不得不动用玻璃水和雨刷。

“如果还车时，因为出问题要我们赔偿怎么办啊？”

在迟到的担忧中，我们终于放慢了速度，不过我们唯一的“爱马”，也是唯一的交通工具——白色的酷路泽（Cruiser）早已被风沙搞得失去了最初洁净可爱的样子。之前，车子稍有尘土，我们都会带着满心的爱擦干净，但此时我不得不怀疑酷路泽能否陪我们完成这次旅行。在挑战新的冒险时，就像车子会脏一样，难免挂上些光荣的伤痕，不过因为不是自己的车子，所以不管怎么说，我们的心里多少还是会有些不安。此时，我们也只能一边祈祷车子不要出故障，一边重新奔向尘土之中了。

智儿啊，
你会一直记得这快乐时光吗？

进入了纪念碑山谷，我们先在游客中心收集了各种信息，然后制订计划。我们曾经梦想着能坐在马背上好好欣赏纪念碑山谷的美景，并体会一下成为印第安人的心情，但是由于智儿和其他一些日程安排的原因，我们没能预订到骑马游览。也可能正是因为这个遗憾，我们一直都决定不了下一步的行程。Dew 觉得既然不能骑马仔仔细细地游览纪念碑山谷的各个地方，就该驾汽车去所有可能到达的地方看看，但是我考虑到智儿的情况和日程的安排，希望能节省时间，最好只去那些推荐的代表性场所，为此我和 Dew 发生了些小争执。虽然这让我们耽误了一些时间，但幸运的是，小争执并没有演变成大战争，而是在适当的和解下，制订了折中的计划。

不管在哪个国家，人们好像总是喜欢给自然界的作品命名。虽然我觉得这多少有些傲慢，不过真要给有名字的景观换名字，却发现很难找到比原来更贴切的名字。我们发现要将每个名字配到相应的岩层上，并找对路也不是件容易的事情。因为当名字和实物非常贴近的时候，会马上发出“啊！真像啊！”的感慨，但也会有不太确定的时候。从一开始的手套岩（**Mittens Butte**），我们就产生了混淆。不知道是因为Dew已经行驶了好一阵子，还是因为我们迷失在各个岩层之间的路上了，总之我们在眼前出现的一堆岩石中发现了大象岩。

把手套岩当成大象岩（**Elephant Butte**）的Dew，不知是想让智儿想起之前看过的书上的动物，还是想让智儿更好地认识实物，又或者太想知道智儿是否记住了之前学过的英文单词，反正他们之间有了下面这样的对话。

Dew：智儿啊！那个大石头好像大象的样子吧？

Jia：嗯！

Dew：大象的英文是什么来着？

Jia：Elephant！

Dew：（一脸满足的表情）Great！

那是什么并不重要，重要的是，要教智儿学英文，还是得靠这样的身体语言才更有效。

我这么想着，并以不能输给Dew的信念，和智儿在手套岩前

一起作出大象鼻子的样子，嘻嘻哈哈了好一会儿。没想到如此华丽的表演之后，我们却在下一个地点看到了不管谁都能看出是大象模样的岩石，当时我和 Dew 被智儿搞得哑口无言。

“妈妈！这个也是大象的样子呀！”

我看着地图，开始查看到底是哪里出了错，但眼前的这个岩石分明就是大象岩。假如说这个大象岩并不那么像大象，又或者因为迟些出现而没能被我们认出来的话，我想我们的这次纪念碑山谷之行将会是一团糟。当我在画得乱七八糟的地图上重新找到

我画得真棒啊!

地点后，所有的事情都对上了号。为了吸引对各种岩石已经失去兴趣的智儿，我们使出了浑身解数。Dew 在骆驼岩（Camel Butte）问智儿骆驼的驼峰里到底装了些什么。在大拇指岩（Thumb Butte）前面我们竖起大拇指，大声喊着："Jia is the best！（智儿是最棒的）"，最后我又在三姐妹岩（Three Sister Butte）前以我娘家的情况（我有两个姐姐）为智儿作出说明，真是出了一身的汗。虽说一开始我们犯了点小错误，但最终还是在美丽的自然乐园中度过了有趣的一天。

现在偶尔看着当时拍的照片，智儿还会说："这是大象，我们还在这儿学大象的长鼻子呢。那个是骆驼，因为想喝水，所以趴在地上啦。"看着这样的智儿，总让我再次感到我们全家在纪念碑山谷度过的时间是多么的珍贵。

帮我们回想起旅行中点点滴滴的一等功臣就是照片。而旅行中的记录、画作、明信片等也总能带我们回到那段快乐的旧时光。每当智儿回忆起那段和爸爸妈妈一起度过的快乐时光并讲给我听的时候，我总是觉得无比的幸福。

这段旅行时光成了我们珍藏的幸福记忆。

"智儿啊！在很久以后的将来，当你再次来到这里，你还会记得和爸爸妈妈一起度过的快乐时光吧？"

某个插画家的独白

这是将神送给我们的美丽留存在一张白纸上的神圣时刻。
大家都无声地忙碌着，各自陷入了自己的画作之中。

那遥远的地方，是神赐给我们让人惊叹的礼物。
回去后我是否能将这份美丽完好无损地展示给朋友们？
在迷人的风景面前，我的画作显得如此苍白。

“神啊！为什么你只给了我看到美丽的眼睛？
为什么你没有将持有它的才能也一并给我？”

电影《莫扎特传》（*Amadeus*）中萨列里（Antonio Salieri）呼喊的台词不停地在我的脑海中回荡。

终于能舒服地睡上一觉了

在美国，所谓的汽车旅馆，是指为了让在广阔国土上“驾车旅行的游客”可以住上一晚再继续上路而出现的一种旅店。虽然在韩国，一提到汽车旅馆大家都没什么好印象。但在美国，小旅馆是自驾旅行者必需的，所以有数千个这样的旅馆分布在美国各地。

我们也在这次旅行中住了几次汽车旅馆。首先，价格上要比酒店便宜，设施也很干净，很适合我们一家三口过夜。带着孩子旅行不可能一直露营，而旅行中的花费也并不是小数目，所以睡觉的地方只要安全且干净就 OK 了。

即便如此，疑心较重的韩国人大部分还是会选择比较知名的连锁旅店，例如小旅店 6（Motel 6）、速 8 旅店（Super 8 Motel）、贝斯特韦斯特（Best Western）、戴斯酒店（Days Inn）、假日酒店（Holiday Inn）等全国性的连锁旅店，这些旅店在服务等各个方面都做得不错。

在旅行出发前，我们根据所行路线提早找到了旅店所在位置的信息。因为不是旺季，所以不提供预订服务。沿途如果看到还不错的旅店，我们会去问问房间的情况，若是觉得还行就会住下来。一开始，因为不够熟练的英语，在交流时会紧张得大出冷汗，随着经验的增多，之后变得很顺利了。

我们虽然在科罗拉多大峡谷有了一段愉快的露营经历，但总归不太舒适，让人不免怀念起城市的文明了。虽然只在山里待了两天，但是纪念碑山谷里的风沙让我们恨不得马上去洗个热水澡。当然露营地里也有淋浴设施，但不是单独的淋浴室，使用起来总觉得有些不便。

我们结束了纪念碑山谷一天的游览后，开始寻找小旅店。我们向着离纪念碑山谷不远的一个叫蒙蒂塞洛的小村庄出发。这里像韩国的小村庄一样安静。在寻找的途中，我们发现了戴斯酒店。虽然周围还有几家小旅店，但是因为已经很累，智儿也被戴斯酒店门廊旁的游泳池吸引住，很难再拉她到其他地方去，游泳池真是致命的诱惑啊。不过对于我们目前最急需的，也就是说到旅店就感觉一定要具备的洗衣房，这里却没有。哎，一直期待着的洗衣机落空了，我该拿那些从大峡谷开始就堆积如山的脏衣服如何是好啊?

我们打算在寻找洗衣房的时候，顺便解决晚餐问题，于是到附近转了转。到处都没有人，可能是因为星期天的缘故，商店也都关着门。无奈之下，脏衣服只好等到下一目的地再说了，当前的要紧大事是先填饱肚子。

在我看来，既然到了西部，起码也要切着牛排好好吃上一顿才能算得上是次不错的旅行。我们想找一家不错的西部风情餐厅，吃着厚厚的、“吱吱”作响的牛排，看着大厅里伴着乡村音乐翩翩起舞的牛仔和美丽姑娘，可无论我们怎么瞪圆了眼睛都没能找到。一边勉强地安慰自己说，到下一个目的地再享受美好的晚餐，一边来到一家小超市，买了日本方便面和几种小吃。这才是旅行的第三天而已，居然就开始吃方便面，这让我有了种穷困潦倒的感觉。但有句老话说，肚子饿的时候什么都是山珍海味，此时真是深有体会。煮方便面时一直吵闹着要去游泳池的智儿，在我们饱餐之后如愿以偿地奔向了这家小旅店唯一的优势之地——游泳池。

我把身体浸泡在智儿喜爱的泳池中，拿着水上玩具玩了一会儿，又在游泳池边的小水疗室里坐了一会儿，休整疲倦的身心。我们暂时忘记什么洗衣，什么方便面，先做个快乐的旅行者吧。

“吃饭和洗衣服在其他地方也可以，今天最需要的是能解除疲劳的水疗。”

过去三天里身体内积累的毒素在这小小的水疗室里消失得无影无踪。如果说眼睛和心灵都已经实现了愉快的旅行，现在也该轮到身体享受一下轻松的滋味了。因为只有实现了身体的放松与心灵的享受，并且有了足够的休息，才是真正的旅行。

在小旅店里度过一个舒适的夜晚，让旅行的疲惫消失得无影无踪。智儿因为度过了愉快的一天而喃喃地说着梦话。

TIPS

在美国住店的小提示

01 不要太晚入住。在傍晚登记，然后去游泳池和水疗馆解除一下疲劳。（西部普通的小旅馆都配有游泳池和水疗馆。）

02 先去洗衣房把一直没能洗的衣物洗了。对旅客来说，洗衣服务（Laundry service）是必需的！洗衣机的洗衣币可以在前台换取。（旅行出发之前，提前到大型超市买好洗衣粉，因为旅馆里销售的迷你小包装超级昂贵。）

好重哪

03 准备能蒸米饭的电饭煲或电水壶，这样就可以吃到方便面或简单饭食。

04 在提供早餐的小旅馆必须早些起床。以美式早餐解决了肚子问题后，可以随手装一些小吃。（如水果、发酵型酸奶、面包、果酱等。）

装作没事的样子往包里放食品的 Viu

面包 & 松饼

黄油 & 果酱

东看看，西看看

亲爱的！快点快点！

哇，酸奶都是我的！

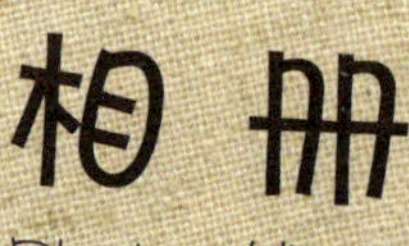

哇！好漂亮的
照片啊！

在车用儿童座里成了自娱自乐达人的智儿
风全都是热乎乎的

亲爱的，我们走吧。
怎么一个人都没有啊？

哇！这里除了我们
一个人都没有。

一进纪念碑山谷的入口，
就看到的手套岩
没什么吃的吗?

蒙蒂塞洛戴斯酒店里

Travel 3
拱门国家公园
(Arches National Park)

带孩子出去走走，

你会发现这个世界很大，

你也会发现你一直以为很脆弱的孩子，

其实潜能无限大。

想看到孩子成长吗？

还等什么，

现在就和我们出发吧！

110548606
POLAROID® 35
Arches Park

拱门国家公园到底是个什么样的地方？

从纪念碑山谷往北大约 193 千米就能看到位于犹他州东部的拱门国家公园。因为由许许多多拱门构成，被称为“拱门公园”。这座公园是这样形成的：3 亿年前，海水侵入了由几百米厚的砂岩地带覆盖的科罗拉多高原。之后，聚集起来的海水不断蒸发，在一亿多年的时间里侵蚀着砂岩，最终形成了一个个沙石拱门。现在公园里共有 300 多个拱门，其中包括一些仍处于形成阶段的，和一些坍塌后只剩下石柱的，保持完整拱门形态的有 90 多个。

据推测，人造拱门大约在公元前 4 000 年时出现于美索不达米亚，但是大自然创造的拱门都与地球同在。经过数亿年的变化，历经风霜，才成了今天的模样。一个个壮观的拱门的确就是上帝亲手揉捏出的大自然之杰作。即使在未来的某一天，这里可能再次回复到原始的平原状态，但现在的拱门公园是世界上最大（29 634 万平方米）也是集中了最多拱门和尖塔的自然雕塑公园。简单地说，拱门公园是在冰、极端的温度环境、地下盐分运动共同作用下所形成的地表形态。

奇趣盎然的拱门公园，可以以多种方式观赏。沿着 64 千米的道路，可以到各个景点进行远距离地观赏，但是要想真正体会拱门公园的美丽，最好徒步行进。如果你更能吃苦的话，不妨选择通过由砂岩形成的巨大窗子观赏拱门，或到形成了高墙的砂岩内部慢慢逛，这样可以近距离地欣赏拱门。在几条小路上，能看到独具魅力、形态各异的小拱门。在这些拱门下，偶尔还能惊喜地发现印第安人的足迹呢。想在拱门公园内欣赏各种不同的拱门也是件“大工程”，而且拱门的样子会随着时间的变化发生一些改变，所以有闲暇时间的朋友可以在拱门公园里露营，或者到附近城市摩押（Moab）住宿，这样就可以看到夕阳下的拱门了。太阳炙热燃烧着的傍晚时分，火红的霞光将整个拱门公园都映照在强烈的红光之下。

可惜的是，大多数人都选择加利福尼亚作为出发地，再加上知名度又不如科罗拉多大峡谷、锡安国家公园（Zion National Park）或布莱斯峡谷国家公园，拱门公园就成了被放弃的旅行地。但是如果你想要尝试特别且不同于以往的旅行，那就一定要来这个拱门公园，因为这里有壮观的天然雕塑和迷人的拱门。

与孩子同行的旅途中，路线的选择很重要！

与孩子同行的游客一定要在路线选择问题上三思。美国大部分国家公园面积都很庞大，这就决定了游客可以选择多样化的旅行路线。而想要制订一个完美的计划，肯定会遇到这样或那样的困难。怎样才能照顾到孩子所能承受的体能限度，又最大程度地观赏到美景呢？

答案只有一个——在旅行之前，先利用网络或旅行攻略类书籍，全面收集想去的地方的照片和基本信息（也就是说，间接体验他人的经历后再出发）。如果在毫无信息的情况下，只为了迁就孩子而选择最简单的路线，很可能不只看不到令人感动的风景，还会在炙热的阳光下浪费时间和体力。相反，如果选择了非常辛苦的路线也可能导致中途放弃。万一照片信息不多，或制订计划的时候遇到了麻烦，也可以到游客中心咨询适合带孩子一起游览的路线。游客中心的服务人员会按照计划观光的时间，为你推荐合适的、可以在此时间内往返的路线。

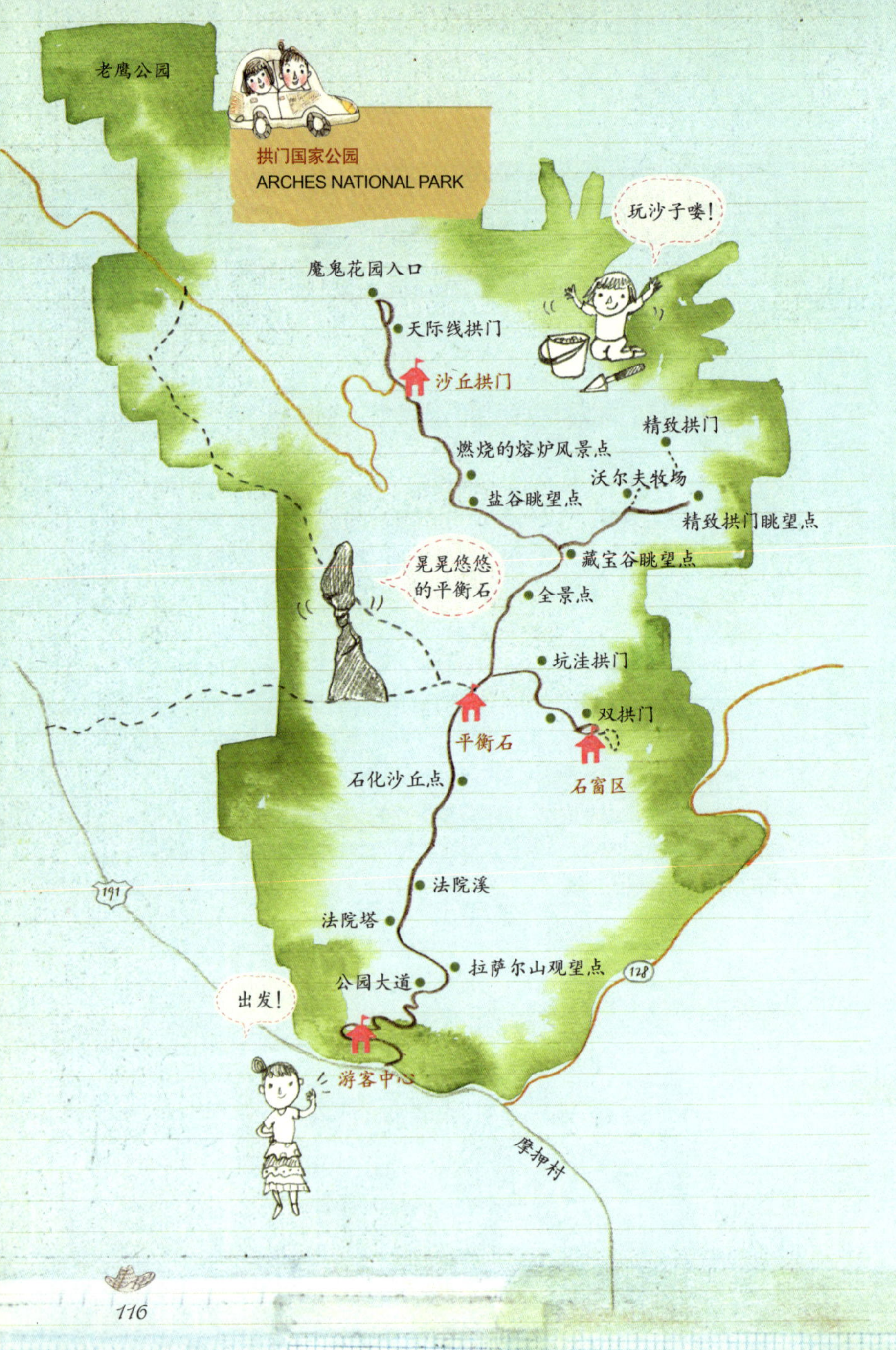
老鹰公园
拱门国家公园
ARCHES NATIONAL PARK
玩沙子喽！
魔鬼花园入口
天际线拱门
沙丘拱门
精致拱门
燃烧的熔炉风景点
沃尔夫牧场
盐谷眺望点
精致拱门眺望点
藏宝谷眺望点
晃晃悠悠
的平衡石
全景点
坑洼拱门
双拱门
平衡石
石窗区
石化沙丘点
191
法院溪
法院塔
拉萨尔山观望点
128
公园大道
出发！
游客中心
摩押村

这拱门，能穿越到另一个世界吗？

“快过来看！这就是咱们要去的地方，太美了！”

忙着作旅行准备的Dew，对着我大声嚷嚷。而此时的我因为交稿截止日的临近而整日烦恼。

每到这样的时候，我总是不耐烦地应付他：“好啊，我以后再看。”或者就算去看，也不带任何感情地说：“哦，这样啊！”对这次没有计划就决定的旅行，之前我还沉浸在担忧之中，加上着急想在出发前将手头的工作都处理完，累得浑身酸痛。所以Dew再怎么让我看，我都无法对那些风景照片提起半点兴趣，甚至觉得Dew变得孩子气、不懂事了。

“Dew，我现在压力超级大，超级大！”

但是，那些没能给我任何感觉的风景如今却实实在在地铺展在我的眼前。我终于明白，到底是什么让Dew那么兴奋了。对，就是这里，迷人的拱门公园！

那些弯曲着的拱门究竟是怎么形成的呀？

虽然这一切都是自然的杰作，但看着这些被挖出了巨大空洞的砂岩，我还是越看越感觉神秘和敬畏。拱门的石头就好像天空美丽的彩虹，而平衡石（Balanced Rock）像是会在强风中摔落下来一样，让人胆战心惊。那一刻，我觉得如果我走过这些巨大拱门，就一定能开启另一个世界，因为它们每一个都是在岁月的磨砺中勇敢地生存下来的。不，仅仅站在巨大的拱门下，我似乎就已经看到了另一个世界。

晃晃悠悠
的平衡石

智儿，爸爸妈妈真为你骄傲！

数百个迷人的拱门分布在广阔的拱门公园中。为了能一个个地欣赏，我们决定放弃驾车，改为步行。一到拱门公园，我们就先到游客中心去完善我们的旅行计划。虽然 Dew 在韩国时就上网（www.nps.gov/arch）查找了信息并制订了基本计划，但是由于有些事事前无法知晓，例如：我们到达拱门公园时天气如何，我们的身体状况如何等，所以极有必要在到达后，重新对计划进行调整。我们看着游客中心墙上的照片，比较着电脑屏幕上显示的路线，又向公园管理员询问了我们的计划对孩子是否适合。因为拱门公园的观光是一天的行程计划，所以我们一直认定可能完成的计划，实际上却超级紧张。结果，我们还是将原来 5～6 个小时的计划，削减为 2 个半小时到 3 个小时。

我们一定能完成！这个路程对于智儿来说也不是不可能的，一定可以坚持下来。

这个想法我并没有说出来，只是放在心里。实际上，计划中的一部分完全是我们两个成人的小贪心。因为我们无法确切地了解智儿能坚持多久，一个 4 岁的孩子能徒步行走多久，所以最后修改过的计划表明显地更适合智儿。

坐上车，我们向 19 千米以外的窗户停车场（Windows Parking Area）出发了。一到目的地，我就看到了远处的石窗区（Window Section：South Window 和 North Window Arch）。曾经只在照片中出现过的、巨大的砂石窗让我们兴奋不已。但是开始徒步旅行之前的满心期待，却在炎炎烈日和找不到半点树荫的现实中消失得无影无踪，取而代之的是担忧和不安。虽然早就知道徒步旅行的路途都是缓坡，仍担心一直以婴儿车代步的 4 岁孩子能否在如此炎热的天气里从头走到尾。所以我们回到车上给智儿涂上防晒霜，又给她戴上遮阳帽和太阳眼镜。最后又装了满满一书包的水和水果。

“早知把阳伞也带来了……”

父母对子女的担忧即使是到了异国他乡也依然不减。

在算是平地的路上有一个个很宽的阶梯。可能是因为从车用儿童座中解放出来了，智儿根本不在意烈日下的酷热，大踏步地向着阶梯跑去。她一会儿独自向着窗子拱门跑去，一会儿跑向我们，催着“快点，快点”，一会儿又吵着问路边荒地上的植物叫什

就没点什么
能吃的吗？
我们智儿真是
长大了啊。
妈妈！妈妈！
上来啊！
是啊，根本不用担心。
这么棒的宝宝真了不
起呀！呵呵，不过咱
们是不是休息一下再
走，太热了。
吐舌头做怪样

么名字，还时不时地抓起红色的土揉揉捏捏，玩得好开心。坚强快乐的智儿，让我们意识到自己根本就是杞人忧天。这个戴着粉红色遮阳帽和太阳眼镜的小淑女完全没依靠父母，一个人就到了目的地——窗子拱门。

带着孩子一起旅行时，孩子成了头等大事。孩子会不会生病，旅行到底可以进行到哪个阶段等需要考虑的问题无穷无尽。也就是因为这些，很多父母最终放弃了带孩子一起去旅行的想法。但是孩子们其实和父母所想的并不一样，他们会在旅行中展现出让人惊讶的一面，例如连大人都感到辛苦的路途，孩子们可以坚强而乐观地走完，在孩子身上，大人往往会有新的发现。

旅行的主要目的就是去看看不同的环境和文化。与孩子们一起旅行，父母可以通过孩子拓展自己对世界的理解能力。这也算是带孩子旅行的一大小状况吧。父母既可以看到孩子的点滴成长并发现他们的潜能，同时自己也会有所改变。

如果想看到孩子的成长，还等什么，和我们一起出发吧！

我也得放上几块
作纪念

平衡石会落下来吗?

走了大概30分钟，我们才到了北窗（North Window）。为了不被骄阳晒晕，我们不时地喝喝水、照照相，慢慢悠悠地行进着。在这里看到的和从下面仰视的北窗完全不同，风景更加雄伟壮观。蔚蓝色的天空和火红色的拱门石形成了鲜明的对照，而我们的视野也更远、更广阔了。透过拱门中间的空洞望去，风景真是美得让人心醉。

上学的时候，每次上美术课，我总会先用手指将风景框在四边形中，然后再画在纸上。而眼前巨大的窗子，也被定格在了窗子里。不同的是，这幅画作太过巨大，难以测量它的尺寸。我在庞大的窗子下显得那么渺小。为了不错过这幅巨型画作的任何一部分，我不停地左看右看，一时陷入了眼前的美景之中，被自然的雄伟气魄征服了。

再次出发！过了北窗，一直被大岩石遮挡着的南窗（South

哇！好宽阔啊！
真凉快。

看这里

北窗（North Window）
南窗（South Window）

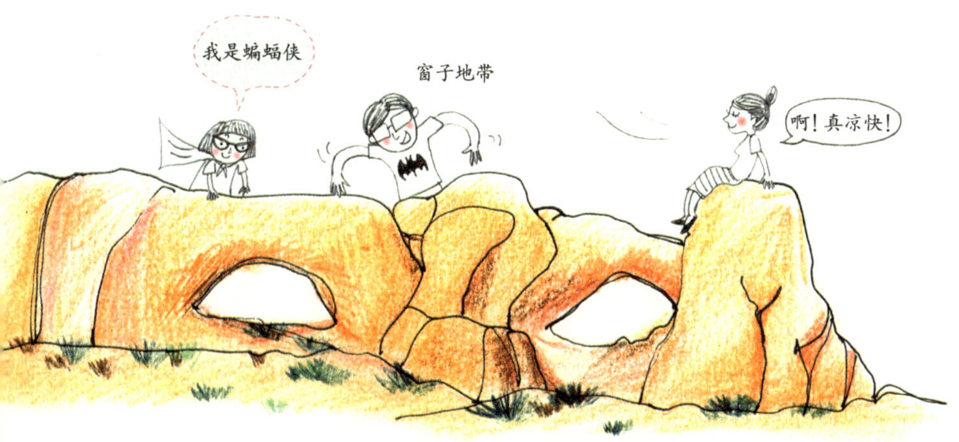

Window）突然出现在我们的面前。同时看北窗和南窗的两个窗口，我感觉它们简直就是"蝙蝠侠的面具"，真是一模一样。沿着往下延伸的路，我们看了两个窗子对面的角楼拱门（Turret Arch），又继续向下一个目标出发。过了石窗区，一直走到了平衡石，我们才用上智儿的婴儿车。虽然在坡度较大的路上不得不让孩子自己走，但是为了后面的行程，还是有必要让孩子有足够的休息。幸好平衡石的路段比较平坦，可以使用婴儿车。

平衡石，顾名思义就是在长长的石柱上有一块保持着平衡姿态的巨石。这块巨石孤独地屹立在公园的一侧，就算有强风刮过也丝毫不动，它就这样屹立了几百甚或几千年。拱门公园的游客不断变换着，在他们的相册里总会有这样一块看似永恒不变的平衡石，但是它其实也在不经意中，缓慢地发生着变化。平衡石也可能在某一天突然失去平衡从石柱上坠落下来，那时也就不再存在什么平衡石了。现在的平衡石就会变成坠落石了吧。

也就是说，现在我看到的平衡石很可能就是最后一次。这话并非空穴来风，因为原来位于魔鬼花园（Devils Garden）的墙壁拱门（Wall Arch）就在 2008 年倒塌了。所以平衡石也很可能在某一天一言不发地坠落吧！看着这块随时都可能倒塌的巨石，大部分人都急匆匆地走过。看着几个在平衡石前泰然自若拍照的人，我也终于鼓起勇气站过去照了一张相片。

孩子，最懂得怎么让自己开心

当我们到达最后一个目的地沙丘拱门（Sand Dune Arch）时，时间已经过去了3个半小时。如果按照原定计划徒步旅行，我们一定会半途而废。这么一想，突然对帮助我们修改计划的公园管理员产生无限感激之情。

沙丘的路都是由火红色的沙子铺成的。如果说电影《重返奥兹国》（***Return to Oz***）中的桃乐思是沿着黄色地砖去往魔法师奥兹生活的翡翠城的，那么我们就是通过一条火红色的路，去看拱门公园里上帝的作品的。

我们的两侧立着几个宽大的石板，让人误以为自己是在没有房顶的大洞穴里探险。这里的感受，是在拱门公园逛了一天的我们不曾有过的。轻轻一踩，就稍稍下陷的红色砂石，两侧立着的石壁，一切都让人有种与世隔绝的感觉。到底是从哪里吹来了如此多的砂石？我走在砂石地上思考着，小沙粒在不经意间就钻进

了我的鞋里，正在我感觉脚丫不舒服的时候，智儿已经像看到了游乐场一样不管不顾地奔向了砂石地。

“呀！智儿，一会儿砂子都进衣服里了。”

还没等我说完，智儿已经扑倒在沙地上，带着阳光般的笑容打起滚来。我们还来不及对智儿如此突然的行动作出反应，就发现周围有很多正在搭建砂石城的孩子，用砂石热敷的大人，甚至还有很多拿着小铲、小桶玩沙子的小孩儿。

智儿先熟悉了这个地方，她知道怎么能更好地利用这里让自己快乐。我们虽然比智儿慢了一步，但也不甘示弱地脱掉了鞋子，和智儿一起在沙地上玩了起来，度过了一个无比美好的下午。把脚埋在沙子里安静坐着的时候，我看着红色的砂岩墙壁间那窄小而细长的天空，感觉能在这么迷人的地方休息真是上帝对我们的恩赐。

我们在大自然的游乐场里又玩了一个小时，才依依不舍地离开拱门公园。在这里我们已经忘记了时间的流逝。在拱门公园火红晚霞的映照下，我们再次上路，向着下一站出发了。

糟了，这家小旅馆连水都没有！

酷暑时节到西部旅行并不是件简单的事情。好在湿度不大，在树荫下还能感到阴凉。即便如此，长时间在烈日下暴晒，对年幼的女儿来说也算是种考验。虽说美美地睡上一觉，就会重新焕发活力，开始新的旅行，但是在旅行中，我们最无法预料和控制的就是身体状况。

在游览了拱门公园之后，我们来到了一个叫做摩押（Moab）的小村落。摩押是一座有着浓郁乡土气息的典型西部小城。因为保留着西部的古朴风貌，所以虽然小，却仍然吸引着络绎不绝的游客，这里已经建成了很多酒店、旅馆和度假村等。

我们打算找一家干净的小旅馆舒舒服服地过一夜。在村里逛时，正好发现了有室外游泳池和大滑梯的罗德威旅馆

（Rodeway Inn & Suites）。刚到黄昏，霓虹灯就已经开始闪烁了，这绝对可以吸引任何一个疲惫不堪的游客。

“能先看看房间吗？”

“是否提供简单的早餐？”

“有洗衣机和烘干机吗？”

“摩押有什么好看好玩的吗？”

“房费多少？”

我们把提前准备好的问题一一抛出，在听了旅馆主人的亲切回答后，我们办理了入住登记。啊，终于可以休息了。一进房间，我先是将之前积攒的脏衣服放进洗衣机，然后和智儿把硬币投进去，一边祈祷着我们的衣服能快快洗好，一边放了好多的洗衣粉。之后我又收拾了这次长途旅行中一直没能收拾的东西，再将车里的垃圾清理好，把没记的账目理清。最后终于可以洗个热水澡去吃饭了。打开水龙头，嗯？怎么回事？刚刚确认房间时还“哗哗”流着的水，此刻却不见了。

“呃，哪儿出问题了？”

Dew到大厅去问，说是正在维修地下室的水泵，等1～2个小时就会有水。什么意思，既然要维修，为什么入住登记前不告诉我们？

再看，之前明明“呼呼”旋转着的洗衣机如今也停了下来。

“不管怎么说，这也是家旅店啊，估计我们吃完晚饭，就能修好水管吧。”

带着疲倦的心情，决定先把肚子填饱再说。谁知道等我们出门吃了晚饭回来，情况还是没有丝毫改变。前台又推说再等一个小时就会有水。我们满心不快地质问是不是只有我们的房间不出水，但得到的答复是整家旅店都没有水。话是这么说，但是看看周围，抱怨房间没水的也就只有我们一家人而已。其他住客难道就毫无怨言吗？如果是在韩国，大家一定都闹着要求退款了，像这样没人问问就安安静静等待的情况还真让人不习惯。Dew 可能是太闷得慌，独自跑到地下室去问维修工人什么时候能搞定。这么催促人家还不够，他又跑到外面去抽烟。

“我们干脆要求退款，改去别的旅店怎么样？”

“洗衣机里的衣服怎么办？而且也不知道其他旅店还有没有空房。咱们先到游泳池玩儿会吧，过会儿水就来了，走吧。”

这时智儿已经拿着泳衣打算去游泳池了。既然事情已经这样了，也不可能换到其他旅店去，不如就一边玩一边等吧！不知不觉间，太阳已经落山了，天渐渐暗了下来。智儿开心地玩了好一阵。不止我们一家，好像整家旅店的房客都聚在游泳池。虽然看着眼前的情景，想到在这样的荒野还能尽情享受玩水的乐趣也算

我们打算找一家干净舒适的小旅馆，在村里逛的时候正好发现了这间有室外游泳池和大滑梯的罗德威旅馆（Rodeway Inn & Suites）。

是件难得的美事，但一想到洗衣机里的衣服，我还是忍不住叹气。时间一晃就到了晚上。满心郁闷的 Dew 又去问了维修工。

“马上就会有好消息了！”

好消息？我交了钱，却连个澡都洗不了，还和我说什么好消息？也不知道其他人是天性敦厚还是性格乐观，反正修理工的这句“好消息”没能让 Dew 平息怒气。

夜里 11 点水终于来了，我和 Dew，还有智儿才痛痛快快地洗了个热水澡。泡了大半天的衣服也终于再次在洗衣机里转了起来。等衣服洗好烘干已经到了凌晨 1 点。疲乏的我迷迷糊糊地叠好衣服，并放进包里。

疲惫不堪的一天终于结束了。

智儿在游泳池里开心地玩着，一直到太阳落山，天渐渐暗了下来。水直到夜里才来。

相册

Photo Album

自助加油站里既可以加油，还可以给车子洗个澡。

酷暑下看不到人的拱门公园

来吧，让我们伸直了胳膊飞呀！智儿和妈妈动作一致啊！

在小旅馆里休息的智儿小朋友，正专心地玩贴纸呢。

晃晃悠悠，在平衡石前

它们不热吗?

那块岩石叫什么名字呢？

我刚摆了个帅气的姿势

爸爸，我要撒尿
呜……呜……

啊，我爱牛奶！

在车里喝着牛奶休息的智儿

Travel 4
布莱斯峡谷公园
(Bryce Canyon National Park)

一起旅游时，

欢声笑语中免不了来点小意外。

就像那晚露营，

那没顶的印第安圆锥帐篷，

就是个绣花枕头，

冻僵了一家子倒霉蛋。

不过，

就算是最可怕的回忆，

有你们的陪伴，

好像也没有那么恐怖了。

110548606
POLAROID® 35
Bryce Canyon

布莱斯峡谷公园到底是个什么样的地方？

布莱斯峡谷公园位于犹他州西南部，是一个巨大阶梯式的圆形盆地，它以这里最早的开拓者埃比尼泽·布莱斯（Ebenzer Bryce）命名。是美国最有名的国家公园之一。布莱斯峡谷公园由色彩缤纷的岩柱形成的壮美景观，被称为“彩色王国”，在韩国游客中极具人气，被认定为旅游名胜。因为离洛杉矶很近，所以即便行程紧张，也可以挤出时间去看一看。

据说由一个个城楼般的岩柱（Hoodoo，字典上的意思是伏都教，这里是指由侵蚀作用形成的凸出的石头岩柱）组成的这片荒地，在 600 万年前还是一片再平凡不过的石化岩地。之后因为大量的水流冲刷，持续缓慢地侵蚀削减石灰岩，形成了巨大的石头岩柱，并最终成为旅游观光胜地。人们络绎不绝地来到这里，发挥着自己的想象力，驻足欣赏这些五彩缤纷的石头，赞叹不已。

在布莱斯峡谷公园里游览也需要利用园内的观光班车。但是园内观光班车只按照规定的路线行驶，不到公园的南面。如果选择自驾旅行，就可以看到更多的景点，时间允许的话，可以选择几条不错的路线。另外，即使不徒步行走，也可以在大景点处看到非常美丽的景观。观光的最佳时间应该是在日出或日落时，因为这些时候，橙色、白色、黄色的岩柱会尤为分明。在白雪覆盖的严冬时节这里也有着别样的迷人美景。

布莱斯峡谷公园到底是个什么样的地方呢？

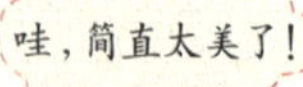

智儿，快下来！

12
63
仙女点
日落点
游客中心
日出点
灵感点
布莱斯点
一直上到顶端，再开着车慢慢下来
帕瑞雅观
布莱斯峡谷公园
(Bryce Canyon National Park)
沼泽峡谷
远景点
水际峡谷
北美黄松峡谷
彩虹景点
佑维帕点

怎么办，车没油了？

在摩押度过了一夜之后，我们向着布莱斯峡谷公园出发了。到达布莱斯峡谷国家公园我们需要行进大约 444 千米，车子即使一刻不停地飞驰，也至少需要 4 个半小时。

兴奋的心情在上了 70 号公路之后开始渐渐平息，看着两侧荒凉的风景，无聊中睡意如排山倒海般涌来。之前我一直觉得旅行中坐在“驾驶员”旁边睡觉是件极不礼貌的事情，加上担心睡梦中会错过了迷人的风景，所以总是咬着牙强忍。但是这次我终于向睡神投了降。

“Dew，不好意思，我就睡 1 个小时啊。”

对在疲劳中驾驶着车子的 Dew 说出这话，我感到万分抱歉，但超过 5 个小时的行程中我只要求 1 个小时的睡眠，也是可以理解的。

不知道过了多久，我突然被 Dew 惊慌失措的声音惊醒。

Dew：Viu，快醒醒！出大事儿了！

Viu：嗯？怎么了？

Dew：前面的 100 英里（约 161 千米）内没有服务地带了（也就是没有加油站的意思）。估计刚刚路过的加油站是最后一处！仪表盘显示没剩多少油了，怎么办啊？

Viu：（因为刚醒来，没能意识到情况的严重性）你说什么啊？

Dew：刚才有家加油站，但是我担心吵醒你和智儿，就没去加油。心想着，在下一个加油站加上就好。谁知道刚才我好像看到一个牌子上写着“前方 100 英里不在服务区内（**No Service for 100 Miles**）”。现在看来好像真的什么都没有。

Viu：怎么能因为我睡着了就不加油呢！（拿我当借口，这也太让人伤心了……）先往前走走，看看是不是有其他出口吧。

但是不管怎么往前走，路只是不停地向山上盘旋，既没有村落，也看不到任何交叉路口。眼前除了飞驰着的大卡车和汽车，就只剩下荒凉无比的沙漠之路了。看样子再这么开下去，也不会出现加油站了。

Dew：呀，加油灯亮了，再这么开下去真要出大问题了。

Viu：要是车子真在这个地方停下来走不动了的话，我们应该把车弄到一边要求 SOS 救助吗？虽说手上有紧急用手机，但是我们所在的位置该怎么说明才好啊？

一个又一个的问题，弄得我头疼不已。

“不行，不能这样下去了，咱们掉头往回吧！”

最后我们决定往刚刚错过的加油站开，就算车子真的停下来不走了，往回走也比继续往前走要强。因为在走过的路上停下来，我们至少大致知道附近有什么城市，而“解救”我们的人或许也可以更快一点到来。

于是，Dew 调转了车头，开始往原路返回。

路上，我们关了空调，打开窗子，以节省汽油。热乎乎的风不停地灌进车里，但是我们根本感觉不到热，只羡慕什么都不知道，睡在车用儿童座里的智儿。直到浑身上下都被汗水浸得湿漉漉的，我们才终于回到了之前错过的加油站。直至今天，想起当时的状况，我还是一阵后怕。荒凉的高速公路上，不能顺畅交流

的异国他乡，我们当时陷入进退两难时满脸惊恐的样子我至今还记忆犹新。

这一次我们加满了油，把空调开到最大，在轻松愉快的歌声中再次上路了。

Dew 的小贴士

在美国驾车时一定要随时确认油量，让车子时刻保有行驶 100 英里（约 161 千米）以上的油量。

车加满油后，我们继续上路了。此刻，我们紧张的心才终于平静下来。这样狂奔了一阵子之后，对之前发生的一切毫不知情的智儿从睡梦中醒来，一睁眼就说：

“妈妈，我饿！”

为了找回错过的加油站，我们没做一刻休息奔波了超过4个小时，肚子饿绝对是再正常不过的事情了。幸好现在沿路的风景和之前大不相同，已经能看到小村落了，偶尔还能见到休息站（Rest Area）。我们为了在用餐的同时，也解放一下困在车用儿童座中不能动弹的智儿，将车子开进了休息站。把面包、果酱、厚厚的火腿、果汁统统放在树荫下的一张小野餐桌上，准备吃一顿简单的饭。从车里出来，围坐在桌子旁，迎着清爽的风，突然有了春游的感觉。智儿手拿着面包，跑到草坪上享受自由去了。

“妈妈，爸爸！这儿真好。没有灰尘，有好多的小草，还有蝴蝶。我们今天就在这儿玩行吗？”

孩子在旅行中到底有多辛苦啊？我们到美国已经超过了一周，整个旅程几乎一直都在太阳的暴晒下，也许正因为这样，对于年幼的智儿来说，这个地方让她感觉舒服极了。可惜的是，我们不能在这里久留，只能再次将智儿放在车用儿童座上，驱车离开了休息站。也许是对我们这一行为的不满，一出发智儿就大哭起来。

“智儿啊，再走一会儿我们就能看到比昨天更美的地方了。且今天晚上爸爸给你买更好吃的零食。嗯，咱们还去游泳！”

听了Dew的“甜言蜜语”，智儿好不容易止住了眼泪，但还是一脸哭相地坐着。为了重新看到智儿的笑脸，我们在去往布莱斯峡谷公园的路上，跟着音响里播放的歌谣和智儿唱了一路。

在休息站吃了饭又吃了零食，好好地休息了一下。

美国高速公路上的休息站

美国高速公路上的休息站设有公共厕所、便利店和加油站，甚至还有维修站，对旅客们来说，就像是沙漠中的绿洲。图中就是高速公路的休息站。这里不仅有热腾腾的乌冬面，我们家小宝贝和Dew最爱的热狗，还有在休息站才能尝到的美味核桃点心。

在美国西部，大部分的休息站都是这种形式。从高速公路上下来，能看到世界各国的石油企业和耳熟能详的各种快餐店的招牌。我们去过的大部分休息站都铺有草坪。若是在草坪上铺上餐布，还可以野餐一顿，有时还会有小朋友在草地上踢足球。这样的小型休息场所可以为人们提供便利服务，让驾驶更安全。

终于知道大自然神秘的智儿

直到下午 4 点我们才到达布莱斯峡谷公园。因为已经接近傍晚，看到很多从公园里出来的车辆。“汽油危机”事件，使我们比预计的时间晚了 2 个小时才到达。不过，这也让我们得以避开了最热的时候，我暗自庆幸，算是因祸得福。在布莱斯峡谷公园入口处拿了一份介绍地图后，我们开始研究旅行路线。公园的主干道有 29 千米，每隔 2.9 千米就有重要地点标示。

Dew：Viu，怎么办呢？现在时间不早了，要想步行下到小路上看来是不行了。

Viu：那咱们就看看布莱斯峡谷公园的主要景点吧。

Dew：嗯，就这样！

地图上标注的景点共有 15 处。要是快一点的话，完全有可能在日落之前逛完。因为布莱斯峡谷公园的出口和入口是一个，所以为了节省时间，我们决定先以最快的速度飞驰到公园尽头的彩虹点（Rainbow Point），然后再一个一个地看，最后回到公园的入口处。

我们先登上了可以瞭望整个布莱斯峡谷公园的彩虹点。石塔在晚霞的映照下显示出耀眼的黄色光芒。再仔细看去，不只黄色，粉红色、灰色、白色、红色还有巧克力色等各种颜色汇集在一起，沿着岩层散开去。

圆形盆地里耸立着的石头岩柱，是很难看到的奇妙景观。这些城楼模样的尖塔石柱是在数亿年的雨水、冰冻和风力侵蚀下形成的。他们就像形状和颜色各不相同的巨型珊瑚，在岁月的流逝中慢慢地变化着。那些石头岩柱在远处的纳瓦霍山的映衬下是那么的美，就像是用图像处理软件处理过一般。

北美黄松峡谷（Ponderosa Canyon）、水际峡谷（Aqua Canyon）、天然桥（Natural Bridge）、沼泽峡谷（Swamp Canyon），我们已经完全被这些美景吸引，难以自拔。如果说拱门公园巨大的拱门是一

张张巨幅的画卷，那么布莱斯峡谷公园的岩柱就是一幅在画纸上完成的完美杰作。假如色彩魔术师夏加尔看到了这里天然色彩，他会不会对自己的用色产生怀疑呢？不管人类有多么伟大的能力，在大自然的面前永远都是渺小的。坐在车上，我透过右边的车窗向外望去，用天然颜料勾勒出的缤纷风景让我的心不由得为之一震。

2个小时后，我们站在布莱斯圆形剧场（Bryce Amphitheater）上，因为我们想在日落点（Sunset Point）看夕阳，所以加快了步伐。虽说在如此短的时间里逛了如此多的景点多少有些匆忙和遗憾，但我们还是希望能挤出一些时间，全身心地欣赏落日的美丽。布莱斯圆形剧场就像它的名字一样，地形酷似古罗马的圆形竞技场。布莱斯点（Bryce Point）、感悟点（Inspiration Point）、日落点（Sunset Point）和日出点（Sunrise Point）都在其中。每个景点都会让人联想到巨大的城墙或神殿。

“妈妈，那个像蘑菇。”智儿喊道。我听到智儿的声音顺势望去，一个笔直耸立着的白色岩石，真的就像大蘑菇一般。在它的旁边还有像鱼鳍一般的石头、中间镂空像王冠一样的石头、高耸着伸向天空像一株新芽般的石头……就在我们找“藏在画里的宝贝”时，布莱斯峡谷公园已经完全被笼罩在了火红的霞光之中。

“妈妈，红色的太阳公公把石头都变成了红色呢。我第一次看到这么漂亮的地方。”

整天都跟在小松鼠身后追追跑跑，似乎对大自然的好风景无兴趣的智儿，突然冒出这样的一句话，让我和 Dew 着实吃了一惊。不知不觉间，智儿也被这火红霞光映照着的布莱斯峡谷公园美景所吸引。成天蹦蹦跳跳的小智儿也慢慢地靠近了大自然的神秘，在她对大自然的敬畏中我们是否已经实现了这次旅行的目的呢？我和 Dew 感到了前所未有的成就感。

智儿啊！原来你也感受到了这一切。爸爸妈妈希望智儿能在美丽大自然的陪伴下，实现更远大、更美丽的梦想。谢谢你，我最亲爱的女儿。

最可怕的一夜

从布莱斯峡谷公园出来，我们又有了新的烦恼——找住所。由于布莱斯峡谷公园的行程一直没能敲定，所以并没有预先订好住所。想到已经要到晚上了，住处更难寻找，我们的心情就愈发焦急起来。

早知如此就不该看夕阳，应该早点离开了。

就在这个时候，透过车窗我们看到一处布莱斯峡谷公园设置的野营场地。这个名为卢比斯旅店（Rubys Inn RV Park & Campground）的地方，不仅有很多的帐篷和车辆，还有很多期盼已久的篝火！

不过，智儿才是我们中最兴奋的那个。在看到我们的印第安圆锥帐篷后，智儿高兴地蹦来跳去，好久都安静不下来。此时的我也同样想到印第安圆锥帐篷的周围看个够。大概是因为找到了住处，了却了一桩心事，肚子马上就“咕噜咕噜”地叫了起来。我们在露营场地的附近发现了一家小店铺，于是买来了木料、煤炭、烤肉架子，还有罐头、午餐肉、火腿肠、方便面、沙拉、土豆等。

晚上，晚会开始了。在极有氛围的露营场地里，我们点起了篝火，烤着午餐肉和火腿肠，又把罐头的盖子掀掉放到火上煮，还烧了开水泡方便面，美美地饱餐了一顿。那一瞬间，我不羡慕世界上任何一个人，因为我才是最幸福的！锡箔纸包裹着的大土豆“吱吱”地发出熟了的信号，夜空中的点点星辰，冒着热气熊熊燃烧着的篝火。幸福大概就是从片刻的闲暇、微小的发现和偶然的幸运中获得的吧。另一边，智儿学着童话书里看到的印第安人自顾自地跑着跳着，丝毫不见疲惫。

嘻嘻哈哈过后，我们突然发现透过帐篷顶能看到满天闪烁的星星，这让我们大吃一惊。难道圆锥帐篷的顶是打开的？

直到这时我们才明白了一阵阵的风是从何处而来。我们的被褥不过是一个睡袋和智儿的一条毛毯而已。为了对付夜里突降的寒冷，我给智儿穿上长袖衣服，让她睡在我们中间，以保持温暖。但突然下降的气温让我不停地发抖，不管怎么努力都无法入睡，而我们的喜悦随着骤降的温度瞬间变成了伤感。

看来便宜是有缘由的。我可知道为什么这里没有人满为患。印第安圆锥帐篷这东西，整一个绣花枕头，完全不保温。印第安人到底是怎么过日子的呀？我不停地强迫自己闭上双眼，但没过一会又睁开，就这样熬了一夜。我担心地看看智儿，还好，孩子呼呼地酣睡着。大概到了早上 9 点，天大亮起来，阳光才开始晒到帐篷上。帐篷内的温度也开始缓缓回升，我和 Dew 冻得僵硬的身体也跟着慢慢感到了温暖。

终于活过来了。今天的行程是不是要往后推一推，好再睡上一会？

我拖着沉重的身体来到帐篷外，哇，外面反倒更暖和呢。也不知道这一夜醒了多少次，又是怎么蜷缩着睡的，整个身体都感觉到前所未有的疲惫。哎，哪怕再有个睡袋或毛毯也不至于这么受罪啊。

这一夜，是我们旅行中最快乐也最可怕的回忆。我想不管过去多久，我肯定都难以忘怀吧。

Dew 的小贴士

在帐篷中露营的时候，即使是在盛夏，也最好多带一些毛毯或厚衣服，以对抗夜间的低温。

相册
Photo Album
妈妈！这是科罗拉多江的下游。啊，这是江水。
哇！简直就像平静的湖水一般。
智儿啊，你现在还太小，不能漂流。
爸爸，水流好急啊，能漂流就好了！

我们爱笑的宝贝女儿！那些用不完的能量到底是从哪里来的？

在布莱斯点（Bryce Point）

不想和可爱的小松鼠交个朋友吗？

布莱斯峡谷公园里有很多美丽的景点，一个个突出的石柱非常新奇。

我们被拉得细细长长的
影子，太阳正在落山。

这就是我们的印第安
圆锥帐篷，帅吧？

愉快的晚餐宴会！
露营太棒了！

火腿肠，
好吃！

夜空中点点星辰

让氛围更好些怎么样？烤着的大土豆散发着香甜的气味，咖啡的味道也很不错耶！（慢慢地，开始变冷了。）

第二天清晨

Part. 3

漫步时尚

都市，这梦想家的舞台

2 旧金山
(San Francisco)
3 纽 约
(New York)
1 拉斯韦加斯
(Las Vegas)

Travel 1
拉斯韦加斯
(Las Vegas)

绚丽的灯光秀，
无尽的美食，
扣人心弦的马戏表演，
吃喝玩乐百般花样，
这座城市让人心悦神驰。
然而，最动人心弦的却来自于，
落难中，
得到异国他乡的人们，
不求任何恩惠悉心照料的，
那份感动。

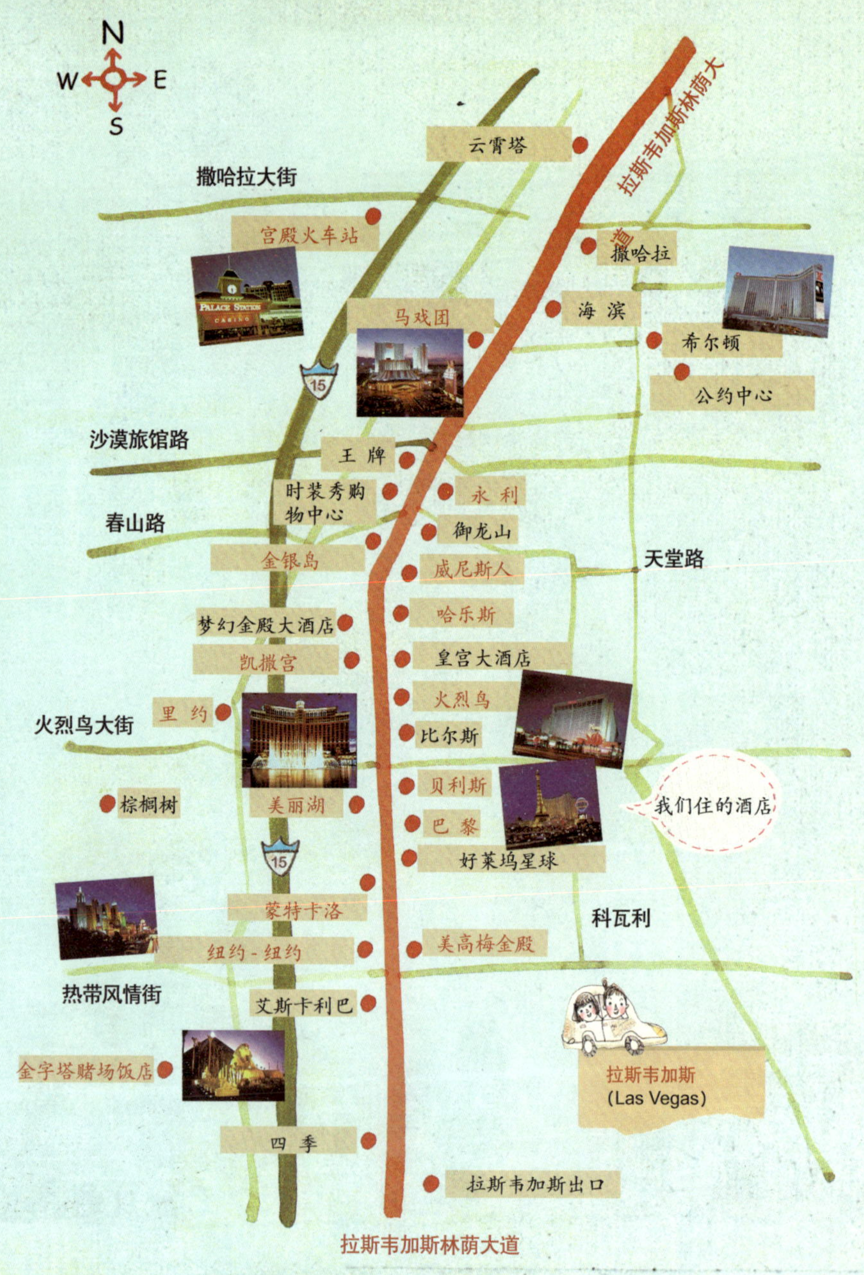
N
W
E
S
拉斯韦加斯林荫大道
云霄塔
撒哈拉大街
宫殿火车站
撒哈拉
海滨
马戏团
希尔顿
公约中心
沙漠旅馆路
王牌
时装秀购物中心
永利
春山路
御龙山
金银岛
威尼斯人
天堂路
梦幻金殿大酒店
哈乐斯
凯撒宫
皇宫大酒店
火烈鸟
里约
火烈鸟大街
比尔斯
贝利斯
棕榈树
美丽湖
我们住的酒店
巴黎
好莱坞星球
蒙特卡洛
科瓦利
纽约-纽约
美高梅金殿
热带风情街
艾斯卡利巴
金字塔赌场饭店
拉斯韦加斯
(Las Vegas)
四季
拉斯韦加斯出口
拉斯韦加斯林荫大道

娱乐之都，我们来了

虽然智儿偶尔是好吃鬼，偶尔是小睡神，偶尔是淘气包（当然大部分原因是我们把她带上了陌生的旅程）。但是每当我耳畔响起智儿哼唱的小调，我都会觉得我们的旅行因为有了智儿变得更加愉快。第一次踏上这片陌生的土地，它的新奇魅力吸引着我们，给我们注入源源不断的活力，可也因为陌生，让我们时时刻刻担心出什么差错。但是因为有家人在一起，所有的问题都不会难倒我们。

结束了西部之旅，现在我们要奔向拉斯韦加斯了。因为在韩国就计划好了要到拉斯韦加斯好好放松一下，所以我们在网上预订了高级酒店。在还没到达的时候，我就已经对酒店以及酒店内的游泳池、自助餐等满心期待了，在奔赴拉斯韦加斯的一路上始终保持着高涨的情绪。布莱斯公园到拉斯韦加斯大概需要 5 个小时的车程。

再过上一阵子，我们就可以呼吸到都市的空气了。虽然与大自然在一起是种幸福，但更熟悉都市生活的我们还是难免怀念起喧闹的都市了。穿行在沙漠中的那段时间，让我们渐渐怀念霓虹闪烁的都市。越是靠近拉斯韦加斯，我们的心就越剧烈地跳动起来。终于，我们到达了这座不夜城。

“拉斯韦加斯，我们来了！”

纸醉金迷的不夜城

拉斯韦加斯曾经的中心地带老拉斯韦加斯（Old Las Vegas）在被新拉斯韦加斯（New Las Vegas）“长街（The Strip）”夺去了中心地位后，又借着费蒙街体验（Fremont Street Experience）的契机重新夺回了中心地位。我们为了看费蒙街（Fremont Street）上上演的灯光秀，将第一天晚上的住所定在了位于黄金拉斯韦加斯的金块酒店（Golden Nugget Hotel）。天还没有完全暗下来，但是霓虹却已经开始闪烁迷人的光芒，好像要吸引每一位游客的目光。城中数以万计的赌桌上发出的声响似乎也让这条街更加热闹。

为了增加客源，拉斯韦加斯的住宿费用相对其他城市要更低廉。我们住的酒店是 80 美元一晚，这绝对算是很便宜了。

“妈妈，今天我们睡在哪儿啊？我们要睡在这里？这好像是我们旅行中住过的最大最漂亮的地方！”

“嗯，我们今天在这住上一夜，明天再去更好的地方。”

智儿一进酒店大堂就被一闪一闪的灯光和华丽高贵的装饰迷住了，走进宽敞的房间，她更是跑来跑去地摸摸这个碰碰那个。

我们脱掉从西部旅行开始就穿着的衣服，换上干净的新行头。虽说比不上电影《雨人》(*Rain Man*)中达斯汀·霍夫曼和汤姆·克鲁斯出现在赌场时那帅气逼人的行装，但是能换上没沾有西部火红沙土的干净衣服，也让我们不觉地挺直了腰板。

今天吃点什么呢？整整一个星期的西部旅行中，我们整天都是靠着汉堡或三明治简单地解决，而现在我们急需一顿丰盛的饭食。金块酒店自助餐价格为一个人 15 美元，与之前我们的晚餐费用相比要贵多了。不过没关系。因为这里已经是拉斯韦加斯了！

我们三个人狼吞虎咽地吃掉了好几盘食物，摸着鼓鼓的肚子，心满意足地向着费蒙街的灯光秀出发。费蒙街差不多有 4 个街区都覆盖有天幕，天幕之下有各种美轮美奂的表演。这里已经聚集了大量的游客，都是为了观看晚上 8 点开始的演出（从晚上 6 点到凌晨 12 点每个整点都会有演出），感觉就像是到了宴会场。智

CASINO
UEENS

儿的心情好像也很不错，跟着街上乐师们演奏的音乐扭动着身体，路过的人们看着这个亚洲小女孩晃晃悠悠，自娱自乐的样子都呵呵地笑起来。全身心投入，丝毫不理睬他人目光的智儿，不禁让我产生了些许羡慕。

灯光秀随着轻快的乐曲开始了。人们看着天幕上出现的各种影像不断地发出赞叹声。智儿更是微张着小嘴，忘我地陷入观赏中。天幕里，有让人惊喜的奇幻影像，有令人称奇的艺术创意，这一切都让我震撼，直到灯光秀结束的那一刻我都难以收回视线。

$8.99
PRIME
RIB
$11.99
STEAK &
LOBSTER
9 - 11PM
LOOSE
$
SLOTS
DUNKIN' DONUTS
COFFEE
DONUTS &
Sam Boyd's
Gelato •

我们都成了吃货！

拉斯韦加斯虽然是座赌城，但不能带着孩子玩老虎机或轮盘赌。于是，我们早早地丢弃了上赌桌的念头，决定一切以智儿为中心。诱惑我们的绝不只有赌场，还有市区里各式各样的酒店再加上商场和美味的西餐厅。智儿叽叽喳喳地从酒店内的小喷泉跑到室外华丽迷人的大喷泉，挨个地往喷泉里扔硬币，快乐极了。对孩子来说，这里俨然成了一座巨大的儿童乐园。

我们旅行的时候，正好是旺季，所以我们在韩国提前预订了拉斯韦加斯的酒店。我们计划第一天住在旧的市中心，第二天转移到新市中心，在更高级的酒店里好好享受一下。所以第二天的住所选在了巴黎酒店（Paris Hotel）。酒店的价格不是太昂贵，而且还有双卧室，这让我们非常满意。特别是巴黎酒店的标志——埃菲尔铁塔让人恍惚有种身在巴黎的错觉。巴黎酒店绝对算得上是一家有着浪漫的异国风情的高级酒店。酒店一楼的拱廊虽然是室内建筑，但是却完美地再现了欧洲的街道景象。拱廊的地上铺着玲珑的小石子，极具韵味。纪念品商店、咖啡厅以及各国风味的餐厅里都用精心拍摄的照片装点着。另一边是很大很大的、有数千个赌桌的大型赌场，虽然赌场里散发出来的气息和喧闹声，不断诱惑着我，但我最终还是决定继续寻找我们早已在网上选定了的自助西餐厅。

自助乐村（Le Village Buffet），对，就是这里。

虽然已经过了早餐时间，但是饭店的入口处依然排着等待的长队。我们等了好一阵子才被请进了饭店，店内好像是有着弯弯曲曲小路的普罗旺斯的村落一般。坐在不是露天的“露天”餐厅里，一边吃着美味的早餐，一边闲聊着，完全是一派欧洲式的闲逸与自由景象。这里的食物是那么的美味，色香味俱全。尤其是只用食盐、胡椒和薄荷做辅料烹制的茄子、南瓜、红辣椒、洋葱和花椰菜等蔬菜，不管吃多少都不会腻，还有各种让人看着就会流口水的蛋糕、布丁、酸奶、冰激凌。我承认，我们已经很久没吃上这么好的东西了，实在是难以抗拒美食的诱惑，所以尽情地饱餐了一顿。

"爸爸！我还要吃这个蛋糕！"

智儿简直就像要把整个餐后甜点餐台都搬到我们的餐桌上来一样，不停地要吃这个那个。如果有一天，你也有机会到拉斯韦加斯，一定别忘了到自助乐村去品尝一下美味佳肴哦。

难以忘怀的美味让我们第二天早上又去了一次。直到现在那诱人的美味还依稀留在我的舌尖。

水里看埃菲尔铁塔，不一样的美！

如果要选出这次旅行中最棒的游泳池，我肯定会说是能看得到埃菲尔铁塔的巴黎酒店的室外游泳池。只要是巴黎酒店的房客，都可以免费享受游泳池的清凉，这样的好机会谁会错过呢？在韩国，我们就通过网络看到了游泳池的照片，立刻就决定来这里住上一晚。

我们在拉斯韦加斯不赌博，而是浸在水里，这一切都是托了智儿的福。酷暑中的游泳池不管对智儿，还是对我们都是一份绝佳的礼物。

埃菲尔铁塔下的我们忘记了时间的流逝，尽情享受着度假的美好。

前一天我们还欣赏着西部风景，备受炎热的折磨，谁知道一夜之后就在拉斯韦加斯过着这样美妙滋润的日子了。旅行中的变化真是难以预料啊。

好凉快啊！

超精彩的马戏表演，一定要带孩子去看哦

放弃了小赌，我们决定和智儿一起寻找其他的娱乐游戏，我们想到了拉斯韦加斯娱乐场酒店（Circus Circus）。在那里既可以免费观看马戏表演，还有很多在游乐场里常见的，并且可以参与其中的游戏，正好适合智儿。

在巴黎酒店对面，有以喷泉秀闻名的美丽湖酒店（Bellagio Hotel），也有大厅房顶布满仿文艺复兴时期壁画的酒店，还有地面和墙面上贴着金光闪闪的金箔的酒店。不知何时金银岛（Treasure Island）前等待海盗表演的人们也排起了长龙。

智儿在拉斯韦加斯的街上居然也是人气明星。不知是不是因为第一次看到漂亮的亚洲小女孩，居然有白人走过来对我说："你的女儿真漂亮！"真没想到，在异国他乡也能听到这样真心的赞美，那一刻，真是又自豪又激动。我亲爱的智儿，你真是太可爱了！

傍晚时分，我们到达了拉斯韦加斯娱乐场酒店。经过嘈杂喧闹的赌场，二楼就是马戏演出场地。已经有很多人在座位上等待了。一眼望去，大部分都是带着孩子的家庭。在这么美妙的城市，这样不能错过的精彩表演，一定要带孩子来体验一下。

“智儿喜欢马戏！下次一定还要看！”

看了马戏表演之后，我们领着已经被马戏迷得晕乎乎的智儿，来到专为孩子们设置的游戏场。这里有投球游戏、骑玩具马比赛、保龄球等各种娱乐项目，每项每次一美元，赢得游戏还可以得到毛绒玩具。其实大部分游戏都超级幼稚，却能让人不停地花钱。智儿指着自己心仪的玩具，满心期待地等着。

等着啊，妈妈都给你赢回来！

没能在赌桌上一显身手的我，心想着，就算是儿童游戏也得赢上一回。我像个孩子似的陷入了游戏中。最终战绩——共得到 4 个毛绒玩具。智儿抱着这些大大的玩具高兴得不得了。本来一开始没觉得会花多少钱，最后算下来居然花了 20 多美元，不过能享受游戏的乐趣，还能给智儿礼物也算是挺值得的。

一晃已经是晚上 10 点了，回酒店的路上智儿坐在婴儿车里睡着了，手里还紧紧地抓着她刚刚得到的玩具。

看了马戏表演之后，我们领着已经被马戏迷得晕乎乎的智儿，来到专为孩子们设置的游戏场。

汽车开不动了？罢工了？

向着新城市，再次出发！

智儿两个胳膊夹着她的新玩具，叨叨咕咕地玩着。从拉斯韦加斯到旧金山需要大约9个小时。如果一天内不能到达的话，就意味着途中要找个地方过一夜。

在行驶了大概一个多小时之后，我们到一家加油站给车加油，旁边的一个白人突然说："你们车底什么流出来了？"

什么？看看车下，的确有什么正从车子底部流出来。虽然不

知道到底是油是水，但我们清楚地知道情况不妙。与韩国不同，美国的加油站旁并不是都设有维修站，所以想要找个修车的地方也并不容易。考虑可能是因为一直开着空调才出了问题，我们决定先关掉空调再说。

不知道又开了多远，伴着“叮叮当当”的响声，红色指示灯亮了起来，显示“过热”。难道是车子跑得太久生气了？

车后座上的智儿不知什么时候已经进入了梦乡。我和 Dew 只想着不让车子抛锚，小心翼翼地行驶着。警告声不停地响着，我们到底该怎么办才好呢？

这什么古董租赁车啊，
光样子好看，其实是
个绣花枕头啊……

越来越着急的我们开始抱怨起车子。刚刚关掉了空调，车内转眼就成了蒸笼，我们的头上不停地渗出汗珠，却根本没心思去擦。无尽延伸着的沙漠之路让我们感觉希望渺茫。最后我们实在不知如何是好，决定停下来让车子“冷静”一下再说。我们把车开到高速公路的一侧，停在了杂草丛生的石子小路上。把所有的门敞开，再打开车前盖，发动机热得好像一个烫手的暖炉。骄阳在我们的头顶上喷射着强劲的热气，我还没来得及涂防晒霜，就已经被烈日烤得快融化了。

耀眼的阳光暴晒之下，我们感觉到茫然无措。

Dew：把车载冰箱里的冰拿来。

Dew把装有冰块的塑料袋包裹在毛巾里，放在发动机上，他就好像在照顾一位因高烧而痛苦不堪的患者，尽心竭力地为它做着冰敷，但车子似乎并不领情，温度并没能降下来。早晨还“呼呼”飞驰着的车子到底是怎么了呢？无计可施的我们，突然看到一辆银灰色的大卡车，在我们跟前停了下来。一个梳着马尾辫、墨西哥人长相的大叔从车上下来，问道：“出了什么事？”

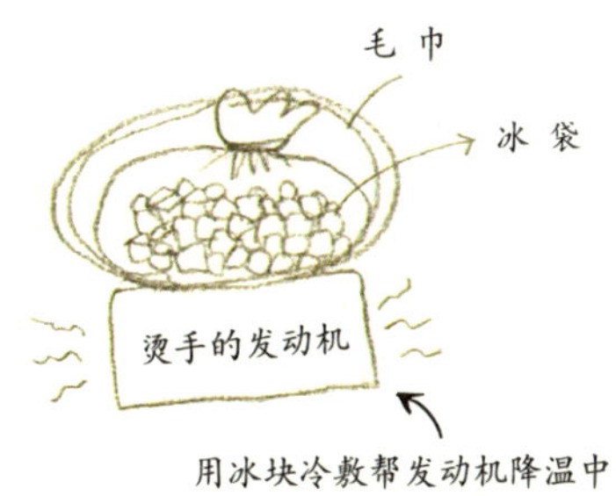

我们用极不熟练的英语，讲述了警告灯亮起，车子过热，所以不得不停下来让车子冷却的整个过程。这位卡车司机马上了解了情况。“看来是因为发动机冷却水不足造成的。”他说，“暂时用水代替吧！”他从自己的卡车上拿来了两大瓶水。

放冷却水的地方也就是散热器，是一个车盖靠前位置的方形盒子。打开盒子上的圆形小盖，把水（本来应该是冷却水）灌进去就行了。看上去没多大的车子，冷却水桶却很大，水“咕咚咕咚”灌啊灌啊，直到把我们车用冰箱里的水也都灌进去之后，显示“过热”的警示灯才熄灭。我们没能体谅爱车的“心情”，它最终反抗了。这件事也算是给我们上了一课吧。

那位热情的大叔表示会跟随我们一直到下一个休息站，到了那里再加足水。这让我们感动不已，不住地说着“非常感谢！非常感谢！”智儿什么都不知道，仍然香甜地酣睡着。看着浑身上下被汗水浸得湿乎乎的智儿，我充满了歉意，让孩子也跟着受罪了。同时也很感激，智儿一路上都适应得不错。

大叔的卡车像保镖一样跟在我们的后面。到了休息站，我们把车停在阴凉处，Dew 和大叔又一起打了些水来装满散热器。

不知什么时候，我们车子的周围围了一些老爷爷和老奶奶，一人一句地说着：

“哎呀，带着这么小的孩子，太危险了，还好没什么事。”

我刚刚还是坠入地狱的心情，转眼却因为人们的热情而再展笑颜。从睡梦中醒来的智儿带着一脸睡足的表情望着我，想到刚才的险境我一下子抱住了智儿。

“祝你好运！”在与好心的大叔告别之后，我们决定到附近的村子里歇上一天再上路。虽然应该按照计划去往旧金山，但车子也该休息休息了，而我们受了惊吓的心也更需要平复。该放慢脚步了。

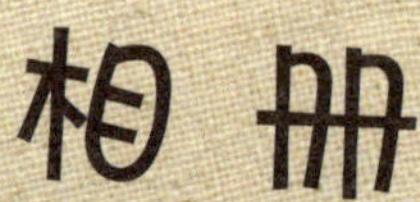

嘿嘿，我正在享受太阳浴呢。

拉斯韦加斯的夜晚，一边看着月亮，一边走回酒店。

有壮观的埃菲尔铁塔的巴黎酒店！

不想和我的朋友们问个好吗？与酒店拱廊里遇到的雕像小朋友们一起

呵呵，真好玩！

巴黎酒店高级客房
(Premium Guest Room)
(双大床 two queen sized Beds)

充满法国情调的自助乐村(Le Village Buffet)
让人感觉走进了美丽的童话世界

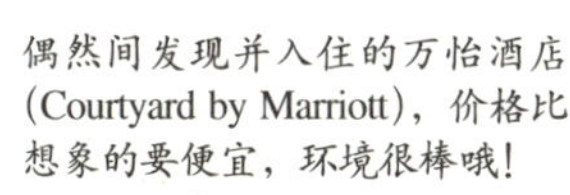

偶然间发现并入住的万怡酒店(Courtyard by Marriott)，价格比想象的要便宜，环境很棒哦！

唔呼，走上露台就有游泳池，真是完美极了！

Travel 2
旧金山
(San Francisco)

过去，

天天浪荡在这座城市里，

满满的都是我们最浪漫的回忆。

今天，

带着亲爱的女儿，

旧地重游，

它又会送给我们什么样的惊喜呢？

旧金山，寻找最浪漫的回忆

在旧金山的三个月里，我尝试着去接触很多新东西，充实自己，开阔眼界。我报了英语进修班，看了很多演出和电影，还在市中心的免费画廊里尽情地欣赏。我在碎花裙（URBAN OUTFITTERS）、发现之旅（ANTHROPOLOGIE）、盖普（GAP）、香蕉共和国（BANANA REPUBLIC）、唐可娜儿（DKNY）等大型卖场闲逛。因为迷上了古董服装店，经常到处去寻找喜欢的店铺，也会到播得氏书店（Border's）看书，遇到喜欢的就买下来。

一个书包、一架数码相机，陪着我在旧金山的街道上闲逛。一层一层贴得厚厚的，颜色各异的宣传标语或小广告，百货商店里挂着的华丽无比的海报，创意独特的展览，还有夕阳下拉得长长的建筑影子。我用照相机将这些都一一记录下来。对我来说，这一切是最好的插画素材，值得用心去体会。

我每天晚上回家以后，都会把白天看到的、感受到的画下来。为了找寻我个人的插画风格，我尝试过各种各样的画法，还做过画册。现在当我翻开那些画册，都会记起那段充实和快乐的日子。

3年后的2003年，29岁的我嫁给了Dew，并在Dew大学毕业的那年生下了智儿。现在回头想想，觉得有些着急了。毕业后烦恼着到底该如何过活的Dew和对一切都没做好准备的我，第二次向着旧金山出发了，那时我怀着6个月的身孕。这一次，我们也找了个不错的借口，那就是要冷静下来，寻找新的灵感和突破。虽然因为怀着身孕，没能像之前那么“勤奋”地到处去逛，但是感受着旧金山的氛围，走在熟悉的街道上，吃着美味的食物，还是让我们感到了久违的轻松快乐。我因为马上要做妈妈而感到恐惧和些许抑郁，在那一次旅行中也得到了医治。旅行回国后2个月，我们美丽的智儿公主出世了。

智儿出生后，一晃又是4年。对于我们一家人的旅行来说，这个叫做“旧金山”的城市有着非常重要的意义。这里既是

我单身时期一个人自由生活过的地方，也是智儿在腹中时，我与Dew一起留下了美好回忆的地方。所以我希望能与我们的小宝贝智儿一起再游旧金山。当这马上成为现实的时候，我心里禁不住地激动起来。

这一次，旧金山又将给我和我的家人留下什么样的回忆呢……

当年的我，Dew，还有未出世的智儿。

今天的Dew与智儿小公主。

韩语！铁质钥匙！最简单的惊喜！

虽然几年没来旧金山，我们对这座城市却一点也不陌生，哪家饭店便宜又好吃，哪里有好看好玩的，怎么迅速到达想去的地方……都还清晰地印在我们的记忆里。

旅行前我们就以很便宜的价格预订了房间。那是个可以俯瞰到缆车的小酒店——联合广场酒店（Hotel Union Square）。它靠近我曾一个人去过无数次的市场街（Market Street）和鲍威尔街，位于最繁华的市中心。我们还因为在旧金山最繁华的市中心预订到了120美元的酒店而欣喜若狂。选择在这里住宿，即使没有车子也很方便，完全可以选择步行。

我们终于到了联合广场酒店。刚停下车，就听到“Hello”的问候，是门童在迎接我们。

“Hello！”

操着熟练英语向我们问好的门童仔仔细细地看了我们一会儿，

突然用韩语问道：

“请问，你们是韩国人吗？”

一句韩语，让我们顿感无比亲切。本来还以为他是因为工作才学过几句韩语，后来才知道他的父亲是美国人，母亲是韩国人。我们说的话他大部分都听得懂。

哇，被英语折磨了这么久的我们居然这么幸运。

联合广场酒店虽然是个小型酒店，但它简单古朴的风格让人一看就觉得舒服。我们用韩语和门童聊了几句，在前台确认预约登记后拿了钥匙。但钥匙并不是酒店常用的卡式钥匙，而是需要转动的普通铁质钥匙。

哎呀，好可爱啊。现在可不容易看到这样的东西了。

本来以为会拿到大部分酒店中使用的卡式钥匙，但此刻这把金属小钥匙，却让我们收获了一种意外的幸运之感。谁能想到在现在这个电子产品充斥的世界里，能遇到如此可爱的金属钥匙呢？科技和时代的进步让我们失去了很多东西。当我们看到这个小东西时，真的有种说不出的开心。

坐上电梯，按下 5 楼的按钮，“哐当”一声，电梯开始上升，我数着电梯上显示的数字，1，2，3，4，终于到了 5。电梯停了下来，门慢慢地打开。我屏住呼吸，慢慢地看向电梯外，铺着红色地毯的地面上放着古旧的沙发和桌子，放着各种可爱装饰品的走廊，不同颜色的房门，柔和的黄色灯光……我们看到的就好像是一座古老的美式住宅，让人感到一股来自心底的暖流。

打开贴着巨大门牌号的房门，看到的是一间精心布置的现代化的酒店客房。墙面上铺着墙砖，大大的窗户上挂着黄色的窗帘，往窗外望去，一眼就能看到鲍威尔街的街景。街上熙熙攘攘的人群和来来往往的车辆，让人感觉到现实生活的气息扑面而来。这里比我们想象的要完美得多。

“妈妈，这儿的镜子好大啊！”

智儿不知道什么时候爬到了床上，对着整面墙的大镜子欢快地蹦着。我在查看了卫生间后，才放下了行装，开始整理。这里真是个超级棒的好住处啊！比起那些现代化的样板式酒店客房，这个印刻着岁月的痕迹，又有生活气息的房间更让人心动。酒店窗外响起了“叮叮”的钟声，好像在欢迎我们入住联合广场酒店。

厕所也很漂亮

千万别和相爱的人争吵

旅行的途中不可能时时都是快乐的，我们也经常会为一些鸡毛蒜皮的小事闹别扭。虽然，早在出发前，我们就下定决心旅行中不生气，不吵架。但事与愿违，这个约定还是没能经受住考验。

在旧金山，我们闹了好几次不愉快。Dew 和我好像都到了忍耐的极限，开始因为小事情吹胡子瞪眼了。西部旅行的时候，由于体力消耗严重，我们反而能在艰苦的环境中彼此依靠，没有发生过一次争吵。但是刚到大都市，我们各自的小情绪好像就开始滋生了。

Dew 因为智儿在他洗澡的时候弄坏了他的眼镜而怪罪于我。又因为把前一天刚买的新衣服忘在酒店就出发，不得不回头去取衣服，而耽误了一个小时，我们也互相指责。想买的东西因为对方没能买成的时候也吵。甚至我看错了地图，也会被 Dew 训斥一顿。

哎呀！怎么眼镜框上全是小牙印儿呀！你也不看着点，智儿到底都干了什么啊，你怎么照看孩子的？

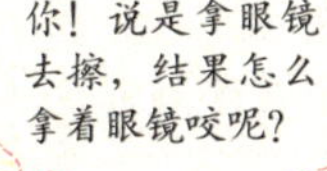
你！说是拿眼镜去擦，结果怎么拿着眼镜咬呢？

我错了，它软乎乎的，我还以为是口香糖呢。

怎么感觉这么生疏呢？
怎么也得照张相片留念啊。

爸爸！笑笑！
嗯，嗯，知道了，微笑。
根本没心情照相，哼！
哇，这就是金门桥啊，是吧，爸爸？
呵呵呵……真高兴！

争吵带来的后果是很严重的，拍照的次数会明显减少，对夹在我们中间的智儿更是感觉抱歉，虽说我们常常很快就和好，但争吵生气时没能好好欣赏，没能放进照片中的风景却成了永远的遗憾。事情过后回头想想，真不知道人为什么常常把微不足道的事情放大，造成彼此的不愉快。

旅行中一分一秒都是宝贵的。我想告诉那些准备旅行的人们：

千万不要争吵！不然你一定会后悔的。

用心，才能创意无限！

在旧金山，我们似乎不是游客，而是普通的当地人。走在曾经走过的街道上，光顾以前经常光顾的商店，或是坐在长椅上看着来往的行人，这种生活真是太惬意了。

从酒店经过市场街到皮尔一街大约 40 分钟。走在市场街上，能看到装饰漂亮的店铺，各种肤色的人，连走路都充满乐趣。如果手上再拿上一杯星巴克的摩卡星冰乐，那简直就锦上添花了！运气好的话，还能在这里遇到各种不同类型的艺术家，他们每个人都有独特的表现力，而且绝对吸引人们的视线。

在人潮涌动的星期天，我们推着婴儿车来到了皮尔一街，看看大海，也看看旧金山的全景。要是遇到了可爱的美国小宝贝，我们还会硬推着智儿去问个好。

就这样开心地玩了一阵子，因为智儿突然着急要上厕所，我们很偶然地来到了一栋看起来很古老的大楼。

这是什么地方呢？它以前就在这里吗？不管怎么在脑海中搜索，我们都没有印象。打开门走进去，原来是一个有很多可爱小店铺的繁华街市，阳光透过拱形的玻璃天顶照射进来，淡淡的清香扑面而来，人们脸上都是开心陶醉表情。

这个地方就是渡轮大楼市集（Ferry Building Market Place）。

这是一个汇集着面包店、装饰品店、肉店、水果和蔬菜店的大集市，各个店铺都有自己的风格和特色。我一下子就被这个五彩缤纷、热闹非凡的小世界吸引了。

我开始认真地看那些用心制作的宣传牌，小黑板上仔仔细细写下的可爱的字和店铺里的各种讨人喜欢的小装饰，从中获得很多灵感。要是韩国的自由市场也是这样的，那该有多好啊。

我想，用心经营的店铺真的是不一样的，像装修自己的家一样来装修店铺，才会处处都透着创意和热诚。

假如装修店铺也能像装修自己家一样，多花些时间和精力，那结果必然有所不同。

在美国买衣服到底有多便宜?

有宝宝的父母都有个共同的烦恼，那就是童装的价格过高。对那些百货商场里价格高得夸张的童装，我看都不会看。过去的4年，我都在批发市场，或是从网上购买童装。偶尔看到特别适合智儿的漂亮衣服，也会因为价格问题而放弃。所以，出发前我就下定决心，到旧金山后要尽情地给智儿买衣服。这次旅行我特意只给智儿带了几件衣服，以留出空间放新衣服。美国买衣服到底有多便宜?

首先，优惠活动非常多。

韩国也有优惠活动，但通常因为原价过高，或只对部分商品进行打折，所以优惠幅度并不大。美国则不同。他们会在季末对商品进行打折销售，折扣少则40%～50%，多则80%。此外，旺季时购买的衣服也可以在优惠时段里进行换货并退还差价。

第二，很多大型的服装店。

盖普、老海军（OLD NAVY）、金宝贝等在韩国属于高档品牌的衣服，在这里却都是廉价的普通品牌。只不过在韩国以超出想象的高价销售，而被我们误认为是高档品牌，但其实它们是连普通人也能买得起的大众中低档商品。另外，加上卖场面积非常大，商品种类特别多，所以一定能在众多商品中找到自己心仪且价格合适的商品。

最后，还有各种各样的促销活动。最具代表性的就是“1+1”，或“任意三件多少钱”之类的活动。这种情况下，如果同一款式的衣服有几种颜色都是你喜欢的，你就可以以很低的价格购买到不同颜色的相同款服装了。

我们一共花了250美元为智儿买了之后两年都穿不完的衣服，还买了一些准备还给侄儿侄女们，把这里称作是购物天堂一点也不过分。

渔人码头的美食盛宴

我们打算乘坐旧金山缆车到极具代表性的渔人码头(Fisherman's Wharf)。我想再品尝一次4年前吃过的酸面包(在面包里涂上蛤蜊浓汤的一种食品),想当初,智儿还在我肚子里呢。我还想再去皮尔39街(Pier39),让智儿听听海狮的声音。

满是商店、画廊、礼品店和西餐厅的渔人码头涌动着成千上万的游客。要去附近的阿尔卡特拉兹(又称“恶魔岛”,美国旧金山湾的小岛。——译者注)观光的话,得在这里乘坐海上游轮,所以渔人码头总是人头攒动。经过路边小摊时,我无意间看到了“呼呼”冒着热气的蒸螃蟹,肚子不争气地“咕噜咕噜”地叫了起来,好像在抗议。虽然街上蛤蜊浓汤似乎很美味,但Dew坚持说:“一定要到能看到美丽风景的西餐厅才正正经经地吃上一顿。”于是,我们走进了一家两层建筑的西餐厅,点了蛤蜊浓汤蟹肉三明治和锡纸烤鱼。平常就很喜欢吃汤料的智儿,这一次更是

因为蛤蜊的嫩滑和微咸的扇贝味，吃得不亦乐乎。虽然比起路上贩卖的汤料量少了一些，但坐在软软的沙发上进餐，心情还是无比愉快。

在饱饱的美餐之后，我们重新回到了皮尔 39 街。奇怪的是怎么也找不到海狮的身影。那么多的海狮都上哪儿去了？怎么就找不到了呢？最终我们只能让智儿坐在海狮铜像旁照了张相片了事。智儿一脸的无奈，似乎在说，“原来爸爸妈妈说的海狮就是这个呀！”哎，本来想和智儿一起看看可爱的海狮的，真是太可惜了！

相册

Photo Album

让我们惊喜连连的联合广场酒店

酒店楼下就是 Viu 和 Dew 喜爱的泰国餐厅（Bangkok）

Bangkok 的鸡肉炒饭真是太好吃了！

在由正立方体连接而成的雕塑前

智儿，问好呀！

著名的联合广场！

用各式各样的锅来演奏的艺术家

画满彩色粉笔画的广告黑板

在渡轮大楼商业市场里

在有风的港口

Travel 3
纽 约
(New York)

一个城市最难得的是，
在经济繁荣中仍然完整地保留历史风味，
纽约就是这样。
在地铁站里，
可以倾听到历史的声音，
每个走进来的人，
都能品味回想，
那过百年里曾经发生的故事。

梦想曾经停留过的地方

我们向着旅行的最后一站纽约曼哈顿出发了。

此时，我还记得在计划旅行行程的时候，烦恼着不知一个月该如何度过。但转眼间旅行已经接近了尾声，我们心里都充满了深深的遗憾和不舍。对我们来说一个月的时间真的是太短了。

早知如此，就应该把休假时间再延长些。但是如今没办法改变了，只能加倍珍惜在纽约的旅行了。

这片土地就是我的梦想曾经停留过的地方——纽约。

大学毕业后，我曾想过到纽约追寻梦想，这里是所有有艺术梦想的人向往的地方。我渴望能生活在纽约，做一名职业插画师。

在憧憬美好未来的 20 岁，我渴望去纽约实现自己的理想。我幻想着自己坐在纽约石头森林中的一家咖啡屋里，喝着香醇的咖啡，享受着浪漫的生活。

但现实是残酷的，我决定丢掉不切实际的幻想开始面对现实。毕业后，我开始了插画工作，而那些曾经称自己是“纽约人”的学长学姐们也一个个地回国了。我想，我曾经憧憬着的纽约生活不过是被电视剧和电影美化的结果吧。我开始明白，纽约和韩国一样都是生活的战场。可俗话说“不到黄河心不死”，去看一看真实的纽约一直都是我的愿望。

我终于踏上了去纽约的路。虽然现在我已经是一个 4 岁孩子的妈妈了，还是感到了难以言喻的幸福和激动。车子不停地飞驰着，越往南走，天越阴沉。一驶入我朝思暮想的纽约州，我就看到满天的乌云。突然，雨点唰唰地落了下来。

这次家庭旅行已过大半，我们却从没赶上过一场雨。难道这是纽约对我们的欢迎？我安慰自己，努力让心情好起来，眼前却是浸润在大雨中的纽约。

原来，这里就是我曾经热切盼望过的曼哈顿啊！

温馨的家庭旅馆

我们开着车在曼哈顿的一个街区里转了好久。

哎，听说曼哈顿的停车位难找，看来还真不是说着玩儿的。

因为早就得知了纽约停车位不足的信息，所以我们找了一家靠近地铁站的家庭旅馆，即便如此，为了卸下行李，我们还是不得不找个地方暂时停车。

折腾了半个多小时，我们才在家庭旅馆服务人员的帮助下，把行李卸了下来。然后又还掉了租来的汽车。看来纽约停车难可是千真万确的。所以，希望各位到纽约旅行时，尽可能放弃自驾，选择使用大众交通工具。

第 97 街和麦迪逊大街。

我们打算在纽约住 5 天。而这个住所是我们在网上偶然间发现的，是一家家庭旅馆。由于曼哈顿大部分的酒店或旅店价格都是出了名的昂贵，所以我们一早就决定选择家庭旅馆。

家庭旅馆不仅是很多企业职员出差时的落脚地，也是背包客或留学生们选择的住所。所以，预约到不错的家庭旅馆并不容易。幸运的是，从旅行的前2个月，我们就在网上寻找，并进行比较，最终找到了价格和位置都很合适的这个地方。一间套房里有一个宽敞的客厅，设施干净且有可以泡澡淋浴的卫生间，还有一个小巧的厨房，正是适合我们全家使用的独立型住宅。

打开原木制成的厚重大门，踩着木楼梯上楼时，能听到木头“吱吱”的声音，似乎无时无刻不在提醒我们这栋建筑的历史悠久。客厅的一面墙是红色的砖石，摆放着简洁的家具，装饰得很有感觉，看了就喜欢；大小正合适的餐桌上放着精致漂亮的餐具，让人恨不得立刻投入到晚饭的准备工作中。卧室贴着粉红色的墙纸，给人温馨的感觉。这里让已经厌烦了旅店生活的智儿重新找到了家的感觉。

各栋建筑之间的间隔不大，透过卫生间的窗户就能清楚地看到旁边建筑的内部。我们仿佛也成了这里的普通居民。我甚至会傻傻地想象着《六人行》（*Friends*）中的瑞秋（Rachel）和莫妮卡（Monica）就住在我家旁边，突然觉得只在这里住5天就离开真是太可惜了。

为了庆祝找到这么好的住处，也为我们即将开始的纽约之行，当天晚上我们举行了一个热闹的小晚会。到达纽约后的第一个夜晚就这样过去了。

让人感觉像在家一样的舒适、安静的家庭旅馆。

Dew 的小贴士

在美国的卫生间里请特别注意用水的问题！

美国建筑多为木质的。卫生间没有防水保护，甚至没有设置排水的下水道，很可能会因为水过多而溢出。为了防止这类事故的发生，在浴缸中放洗澡水或马桶冲水时，注意不要让水流到地面上。

选择家庭旅馆时的注意事项

01 附近要有地铁站。

02 为了安全起见，要选择位于曼哈顿第96街往下的居所。

03 有干净方便的设施。

04 有厨房。这样就可以享受到自己亲手烹制的美食了。

05 要是民居的附近能有氛围不错的咖啡厅那就更完美了。

06 附近最好有很多有名的餐厅。

07 为了像个真正的纽约人，一定要离中央公园近才行，这样就可以去那儿散步了。

08 最重要的，价格要合理。

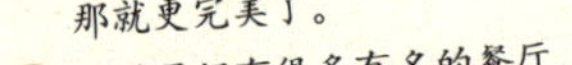

曼哈顿旅行计划

第一天

第96街站（绿色）—草地保龄球场站（Bowling Green）—巴特里公园（Battery Park）—自由岛（Liberty Island）（自由女神像）—坚尼路（Canal St.）—唐人街—小意大利城（Little Italy）—第6街站

第二天

第96街站—春天街站（Spring St.）—SOHO—联合广场—第23街站（绿色）—第86街（绿色）—古根海姆博物馆（Guggenheim Museum）—第96街站

第三天

第96街站—时代广场站—逛时代广场—玩具反斗城（Toys-R-Us）—乘公共汽车—切尔西自由市场（Chelsea Free Market）—切尔西市场（Chelsea Market）—第59街站—施瓦茨玩具城（F.A.O）—第96街站

第四天

住所—中央公园（Central Park）—库柏—海威特国家设计博物馆（Cooper-Hewitt, national design museum）—早午餐—肯尼迪国际机场（JFK Air Port）

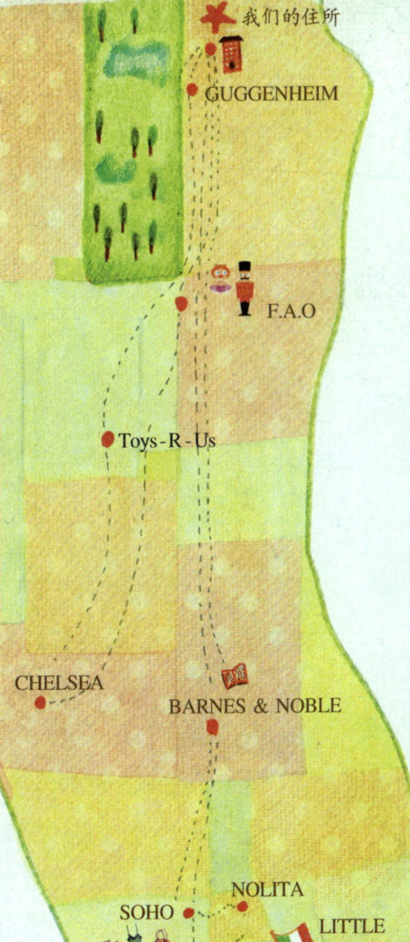

坐上地铁，倾听纽约的故事

我在旅行前就了解了很多有关曼哈顿的资讯，特别是那些只要到曼哈顿，就绝对不能错过的好地方。比如："木兰花"小吃店，这里因为美国电视剧《欲望都市》（*Sex and the City*）中凯利和米兰达吃过的杯式蛋糕而名声大震；聚集了世界各国的美术巨匠作品的纽约现代艺术博物馆（Moma, The Museum of Modern Art）；代表着纽约的时代广场等。但是要带着 4 岁的智儿就要注意时间和路程的问题，而且还要迎合孩子的兴趣。

我们的曼哈顿之行就以我们的住所附近的地铁站为中心开始了。Dew 和我先各自决定了自己想去的地方，然后按区域将曼哈顿划分成几大块，即市中心区（Downtown）、下东城区（Lower East Side）和曼哈顿东区（Midtown East）等。为了最大限度地利用好在纽约的 5 天 4 夜，参观游览更多的地方，我们每天选择一个区域，这样会更有效率。

虽然推着婴儿车有很多不便，但我们仍按照提前制订好的计划，游览了我们想要去的各个地方。看来一次没有遗憾的旅行，提前制订计划确实是不可缺少的。

在韩国当我需要处理工作，或与朋友约好见面的时候，我都会选择乘坐地铁出行。虽然几年前我已经可以自己开车了，但在首尔总会遇到找不到停车位，或上下班高峰堵车等各种问题。所以开车出门反而让我备感不便。相反地，坐地铁不仅可以享受凉爽的空调风，还可以看看书，或是拿出小素描本随便画上两笔。

我们在纽约同样选择了地铁出行。虽然曼哈顿的交通，大体

上和首尔无异，但有很多单行路，如果开车，一旦走错路就会很麻烦。更重要的问题是，这里停车位严重不足。如果选择步行，会发现沿路有很多可爱的店铺，还可以随时买上个美味的松饼来吃，所以我想靠才是最明智的选择。

离我们的住所最近的地铁站是第 96 街站。顺着站内长长的阶梯往下走（几乎所有的地铁站内都没有自动扶梯，这对于带着婴儿车的我们确实是件苦差事），一个与外面世界完全不同的纽约展现在眼前：用手推动才能通过的检票站、地铁中不可或缺的艺术家、天顶上裸露着的钢筋、用一块块瓷砖贴制成的地铁站名称或装饰等。

纽约的地铁站虽然没有清爽干净的环境，却能触动人的心灵，唤起很久很久以前的记忆。比如带有磁条的黄色票根放进验票机时发出的“咔嚓”声、车厢顶上“呼呼”转动的风扇、到处贴着的小广告和用各色油漆漆制的告示板等。

在纽约的地铁站里，这些已经离我们远去了的回忆又重新浮现在眼前。虽然对乘客来说，多少有些不方便，但纽约地铁站完整地保留了超过百年的历史。听着吉他手的弹奏，不知不觉间，我有了种坐上时光机回到很久之前的纽约的感觉。纽约人将历史的余味留在了地铁站，让每个经过这里的人都能回想品味。

旅行中相机记录下了风景，人们的心里留下的却是关于旅行地的故事。

我们坐到哪儿下车啊?

看起来像铁笼子一样的出口
婴儿车无法通过!

嗯，我妈妈最好。

这么多的楼梯，我们都上上下下
地走过来了。

一张照片花掉 20 美元

一说到纽约，一定马上想到自由女神像。所以，我们带智儿观光纽约的第一站当然就是自由女神像。

到曼哈顿的最南边，大概需要 30 多分钟。我们在到达保龄格林地铁站（**Bowling Green Station**）外，最先看到的是一群将脸和衣服统统染上银灰色，戴着反光太阳眼镜假扮自由女神的人。他们一看到智儿，就马上大步流星地走过来，不管不问地给她围了条围巾，又在她手里放了个火炬。我想这些人应该是街头艺术家吧，多少也得给些小费作为酬谢。于是，我从钱包里掏出了 2 美元。谁料这里居然要 20 美元。无奈之下，我们交了钱，让傻乎乎的不知所措的智儿照了一张。

我们沿着水波荡漾的哈得孙河岸，悠闲地走到了巴特里公园（**Battery Park**）。途中还看到了很久以前作为要塞使用的克林顿城堡。售票处有两种游览票，一种是可以通往有自由女神像的自由岛，那些人简直就是强盗。就当是赞助他们了吧。

这拍的是什么照片啊？值20美元？

另一种是可以到有移民博物馆的艾里斯岛（Ellis Island）。我们买了两个地方都可以去的通票。然后，坐在公园的长椅上，面对着哈得孙河吃了一顿简单的午餐——樱桃、椒盐卷饼、热狗和可乐。当然，还借此机会好好地享受了一下巴特里公园清新的空气。

而此时的智儿，心是已飞过了大海。她想着又可以乘坐在尼亚加拉大瀑布坐过的船，兴奋得不得了，一个人到处追着鸽子玩儿。远处，画家正悠然自得地画画，穿着金色衣服的小丑骑着独轮车，围着喷泉一圈一圈地绕行。纽约真是个充满艺术气息的城市啊，所以那些怀揣艺术梦想的人都争先恐后地来到这里。

我们在渡口排队等待检查。听说在“9·11”事件之后，就开始了对行李的彻底检查。为此，我还小小紧张了一下。

一踏上渡轮，我们一家三口就径直朝二层的栏杆处走去。虽说太阳火辣辣地晒着，但我们还是想在离天空最近的地方欣赏自由女神像。不一会儿，船就开动了，向自由岛慢慢靠近。因为曾经在各种媒体中看到过自由女神像所在的自由岛，让我误以为岛上只有自由女神像，但到达后我却发现这里是一个有树木，有草坪，管理得很好的公园。其他人一下船就急匆匆地朝自由女神像拥去，好像唯恐晚了不能拍照似的。只有我们一家围着公园，在没有什么人的小路上悠闲地逛着。

对啊，在这里稍作休息再出发吧。为什么要着急呢？

到达了自由岛

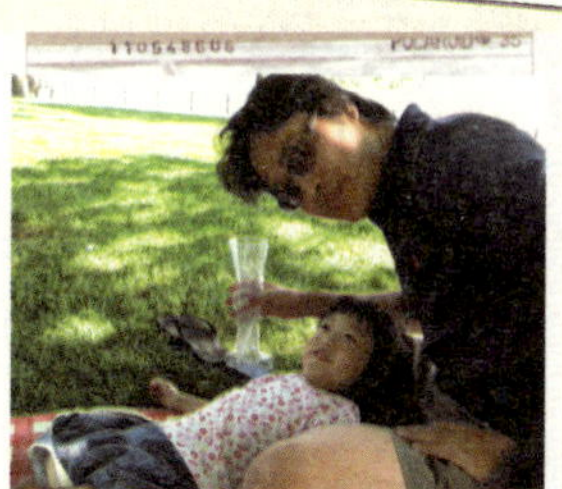

躺在爸爸腿上休息的智儿

漂亮的风景

一边吃美味的洋葱圈，一边淘气！

巴特里公园介绍

位于纽约曼哈顿南端的巴特里公园。1812 年英国占领曼哈顿的时候，为了防御而修建了炮台，因此得名“巴特里公园”。(Battery Park，Battery 为炮台的意思。) 后来更名为“克林顿城堡”。内部设有历史博物馆和去往自由女神像的售票处。
克林顿城堡
成人票
12 美元！
CASTLE CLINTON
保龄格林站
拍照！
拍照啦！
是在这儿
排队么？

快来看我啊!
自由女神像
那些想要进入美国的移民者，为了接受入境检查要在这里等待。
现在这里以移民博物馆闻名
请看!
Status of Liberty FERRY
检查站
"9·11"事件之后，乘船前必须经过全面检查
HOT DOG
BATTERY PARK

旅行，当然要遍尝世界美味！

离开自由岛，我们继续乘坐地铁，在距离唐人街很近的运河街站（Canal Street Station）下车。从地铁站一出来，我们就看到了很多亚洲人，多到让人怀疑这里到底是纽约还是中国。每条街上都能看到写着汉字的商店招牌，其中有人潮涌动的小吃店，也有卖各种东西的商店。一个个店铺聚集在一起，就好像是韩国的南大门市场一样。

虽然旅游攻略书上千叮咛万嘱咐，不要让自己看上去像个游客，但是这里的小吃实在是多得让人目不暇接，而我们只有一天时间。为了获得更准确、更客观的信息，我们不得不一手拿着地图，一手抓着旅游攻略书，所以谁都看得出来我们是游客。

为了找到书上推荐的几家冰激凌店、点心店和水果冷盘店，我们在唐人街转了好一阵子。我最喜欢的几家冰激凌店和点心店，不仅价格低廉，而且味道超好。虽然大部分美味我们只是用眼睛欣赏了一下，但到纽约前就计划了一定要去吃的Lombardi's比萨是无论如何不能错过的。为此，我们步行到了被称为洛丽塔（Nolita：North of Little Italy的缩写）的小意大利城。据说，现在因为华人势力的不断扩大，这里的很多地方都已经归入了唐人街的范围。

Lombardi's在高峰时间要等一个多小时，生意很火爆。这家外墙绘制着蒙娜丽莎壁画的比萨店，以传统方式烤制比萨而闻名。1905年开业至今已经超过一百年了，墙上满满地贴着众多名人光顾时留下的纪念照片。

我们的比萨终于上桌了，薄薄的面饼上有可口的番茄、马苏里拉奶酪和九层塔（Ocimum Basilicum）。因为比萨上有我最爱的马苏里拉奶酪和蘑菇，所以我特意点了一个大号的。

和在旧金山吃过的口感油腻、面饼较厚的比萨相比，这里的比萨面饼清淡并且番茄清香新鲜，正好适合我们全家人的口味。Dew本来不太喜欢油腻的食品，所以他一个劲儿地说来对了地方。

旅行的一个重要目的，就是吃遍世界上所有的美味。

纽约的博物馆和书店真是太棒了！

到纽约必去的就是博物馆。大大小小的博物馆据说有几百个，而且主题多样。我和 Dew 都很喜欢看展览，但是想着一边欣赏还要一边忙着照顾跑来跑去的智儿，有些犹豫。但是既然已经来了，绝不能放弃这个机会。于是，我们安排了一天去古根海姆博物馆。而另一个世界著名的美术博物馆——大都会艺术博物馆（Metropolitan Museum of Art），我们不得不放弃了。

古根海姆博物馆光是自身奇特的建筑外形，就足以吸引人了。更何况我们还在旅行攻略手册上看到一个省钱的小贴士——在闭馆前两个小时入场的话，门票只需 1～2 美元。于是，我们决定先利用上午的时间去逛 SOHO，在等到傍晚的时候再去博物馆。

SOHO 是一个聚集了世界名牌和美国国产品牌的购物街，也是可以欣赏街头艺术家表演的好地方。游览 SOHO 时，最好从百老汇和王子街（Prince St.）开始。从 N.R 线上的王子街站（Prince

About SOHO

SOHO的名字实际上是休斯敦街以南的缩写，即South of Houston St.。休斯敦街是指位于南运河街、东百老汇、西韦斯特街之间的区域。

St. Station）出来也可以到达这里。

10 年前，SOHO 只是一个聚集着艺术家的地方。穷困潦倒的艺术家们梦想着成功，他们在街头进行创作、讨论，他们将自己的一切投入到艺术中。怀旧的我希望能在 SOHO 街上找到过去那些艺术家们的痕迹。然而与我的期待不同，这里不仅干净，而且还很华丽。艺术家们曾经的居所，还有他们讨论过艺术的咖啡厅，如今已经被满街的普拉达、香奈儿和路易威登的店铺所取代。除了这些，还有很多盖普、香蕉共和国等美国当地的品牌商店。

就在我们目不暇接地欣赏着漂亮的咖啡厅、服装店时，一群卖画人闯进了我的视野，他们卖的是自己亲手绘制的画作。要是在韩国，有谁拿着这样的画作在街头兜售的话，肯定会换来类似“这人还真是勇敢呀！”的冷嘲热讽。因为说实话，大多数街头画作都很业余，但是不知为什么这些自信满满地叫卖着自己作品的人，却让我感觉他们有非常专业的水准。此时，不止他们的画，连同他们本人都成了一幅珍贵的艺术作品。我暗自想，什么时候我也能在这里出售自己的作品就好了。

我们的脚步又一次迈向了联合广场。因为那里有我们的下一目的地——巴诺书店。这个书店可是全纽约最大的书店。书店里设有星巴克咖啡厅，散发着淡淡的咖啡香，让我有一种走进了图书馆的感觉。我们三个人一进书店就奔向了各自喜爱的书，挑好后坐在地毯上看了起来。儿童丛书区就好像是一个主题公园，摆放着童话书里出现的人物，还有仿佛一眨眼就能跃然而出的立体

雕塑。智儿一下子就选了十几本图画书，聚精会神地看起来。我和 Dew 也按照自己的喜好，选了一堆书坐到智儿身边看起来。我们沉浸在书的海洋里，完全忘记了时间的存在。

巴诺书店为了帮助客人更容易地找到想要的书，按书籍的类别做了精心的分放。这里的装修摆设甚至让人觉得不是一个书店，因为它设置了极宽敞的读书空间，还有供孩子们尽情玩耍并且很安全的娱乐设施，可以欣赏童话书中出现过的美丽风景的观看录像带的地方。因为设置了这些贴心的服务设施，所以与其说是单纯的书店，不如说更像是一个书的主题公园。而所有这一切，让书店不再仅仅是卖书的地方，而是变成了能启发孩子的好奇心、在娱乐中实现教育目的的地方。

智儿在这里度过了两个多小时的自由时间，她好像收到了什么礼物一样开心不已。而我们看着喜欢看书的孩子，心里也美滋滋的。巴诺书店是一个能与家人分享幸福的地方。这样美好的地方只待两个小时真是太短暂了，我们不得不带着遗憾离开。

从书店出来，我们走到了一座都市中的森林公园。公园的长椅上印刻着岁月的痕迹，给人一种素雅宁静的感觉。我们到的时候正是午饭时间，很多穿着得体的职场人吃着三明治，喝着咖啡，也有很多埋头读书的人，还有躺在草坪上享受日光浴的人，更有不少甜蜜的恋人。所有人都尽情地享受着闲暇的时光。我们休闲地散步，刚停下来站住，智儿就从自己婴儿车的后面拿出了野餐餐布，一个人铺了开来。

“我们也在这儿坐会儿吧。”

走进大自然，坐在树荫下，我们好像忘了世间的烦恼。Dew 将身体舒展开仰卧在草坪上，我也脱了鞋子伸直了双腿。此时，我感到曼哈顿真是一座越了解就越具魅力的城市，每一个人都自由自在，享受着自己的生活。

下一站是我们确定要去的古根海姆博物馆。我们一边看地图，一边寻找古根海姆博物馆。奇怪啊！明明就是这条路，为什么就找不到呢？担心走错了路，我们决定问问路人，没想到却被告知

博物馆搬迁到别的地方去了。这本旅行攻略手册可是最近才出版的啊，居然还是过时了。

“书里的内容到底是什么时候的呀？”

通过询问路人，我们终于找到了古根海姆博物馆，而且很快也就到了可以以低廉的价格进入博物馆的时间了。但是我们发现远远望去完全看不到独具创意的外观。原来正在维修，整个建筑被团团围着。天啊，我想看的巨大蜗牛外观，居然看不到，真是太遗憾了。

进入到博物馆馆内，发现里面挤满了人。难道他们也像我们一样都是拿到这个价格比较便宜的时间来的？交上 2 美元，我们急匆匆地进了场。以前曾经听说过的无数次的博物馆，现在就在我的眼前，这让我激动不已。我推着婴儿车，和智儿沿着盘旋的路慢慢向上，开始了观赏。同是出身美术大学的 Dew 也对这些作品着了迷。虽然美术馆正在维修，无法欣赏到它的外观，但古根海姆博物馆之行依然让我们印象深刻，回味深长。

地　　址：1071 5th Avenue（at 89th Street）NY
电　　话：(212) 423-3500
到达方法：乘地铁 4、5、6 号线，在第 86 街下车后，沿着第 5 大道一直走到第 88 街。乘坐 M1、M2、M3、M 在 Madison Ave. 或第 5 大道下车。
开馆时间：周六到周三 10:00~17:45
周五 10:00~19:45（周五 17:45 开始，博物馆的门票就是"想付多少付多少"的捐赠形式。）
休馆时间：周四、感恩节、圣诞节
观览费用：成人 18 美元、学生及 65 岁以上老人（须出示身份证）15 美元、12 岁以下儿童免费
网　　址：www.guggenheim.org

“这里的玩具好多啊！”

1. F.A.O施瓦茨（F.A.O Schwarz）

在美国41个城市都拥有连锁店的F.A.O施瓦茨玩具商店，算得上是纽约必去景点之一。1862年，从德国移居到美国的弗雷德里克·施瓦茨（Frederick August Otto Schwarz）从自己在巴尔的摩（Baltimore）经营的幻想商店中，拿出品质较好的欧洲产玩具进行销售，开始了他的玩具商的生涯。1870年，他在曼哈顿南部的百老汇举行了玩具义卖会，从此，这家小型的玩具企业有了突飞猛进的发展，并最终成为今天世界级的玩具公司。现在，施瓦茨玩具店在美国境内大概有200多家连锁店，其中又以位于纽约第6大道的卖场最为知名。

电影《飞越未来》（*Big*）中用脚踩的钢琴键盘就是这里极具代表性的商品之一。周末，这里还会举行小型演出，再现影片中的场景。而《小鬼当家2》中出现的玩具店也正是这里。如果说玩具反斗城是一家大众化的玩具店的话，那么F.A.O施瓦茨就是一家古朴，但又具有高品质的玩具店。这两处玩具世界不仅能给孩子，也会为大人留下一段美好的回忆，所以都值得去逛一逛。

地　　址： 767Fifth Avenue（位于Fifth Ave.和58th St.交叉处的分店）
58th St. New York
电　　话： 212-644-9400
营业时间： 周一到周四 10:00~19:00
周五、周六 10:00~20:00
周日 11:00~18:00

2. 玩具反斗城（Toys-R-Us Inc.）

美国最大的玩具零售商店，玩具反斗城是1948年，查尔斯·拉扎勒斯(Charles Lazarus)在“二战”后婴儿潮的时代背景下建立的一家婴幼儿玩具商店。在还没有网上购物和打折商店的1957年，查尔斯以全新的概念开设了第一家玩具超市。现在这家公司将整体业务分为7大部门进行经营，即美国玩具反斗城（Toys-R-Us USA），世界玩具反斗城（Toys-R-Us International），儿童反斗城（Kids-R-Us），宝宝反斗城（Babies-R-Us），益美智（Imaginarium），网上玩具反斗城（Toysrus.com）和网上宝宝反斗城（Babiesrus.com）。

这里不仅有大型游览车，还有打扮成玩具到处迎接客人的吉祥物。在这里你可以以合理的价格购买到称心如意的玩具。另外，新生儿和生产时所需的物品摆放在单独的空间，以方便顾客选购。

地　　址：1514 Broadway at 44th St. New York，NY 10036
电　　话：646-366-8800
营业时间：周一到周四 10:00～22:00
周五、周六 10:00～23:00
周日 10:00～21:00

奢华的经典三轮车！

爸爸，我们快点去逛吧

各种新生儿模样的娃娃

Viu和智儿迷上的硅胶玩具

旅行，告诉你什么才是最重要的

中央公园离我们的住所只有几步之遥。入住的时候，我就想每天早上哪怕就一小会儿，也要到公园里去散个步。但是谁料想，每天早上起来就赶着乘地铁，急匆匆地从一个地方赶到另一个地方，一直没能到中央公园去转转。可是，我决不会就这样错过近在咫尺的中央公园，最终在离开纽约的那天上午到公园里去逛逛。

这天正好是悠闲的星期天。我们将整理好的行李寄放在住所里，一家人慢慢地步行到了中央公园。可能是因为要离开了，我心里有着说不出的不舍。在美国度过的这些日子一点一滴地出现在我的脑海中。吹拂在脸颊的微风，跳跃在肩头的阳光，还有眼前所有的一切，都被我用心地珍藏起来。

我们马上又要回到往常的生活中了。这次旅行是否为我们全家充足了电呢？这一个月的旅行，又是否让 Dew 和智儿有了足够的放松和休息？而它又会给我们今后的生活带来什么样的影响？

我独自坐在中央公园的长椅上，看着开心玩耍的 Dew 和智儿，回想着过去的一个月里我们全家走过的旅行之路。旅行中，我尽全力完成了自己在旅行之前许下的所有承诺。**那个曾经为了工作疯狂的我，通过这次旅行再次了解到家人的珍贵。**我们家可爱的智儿，曾经因为我们的忙碌而整天过着孤单无聊的生活。如今，智儿也因为爸爸妈妈的改变而开心不已。我们全家通过这次家庭旅行都有了前所未有的改变。

戴着耳机慢跑的人、骑着自行车运动的人、围着湖边悠然散步的老夫妻、和孩子们举行午餐会的父母，看着别人的生活，我才突然意识到，在过去的日子里，我们曾经过着怎样繁忙的生活。旅行让我明白了什么才是真正重要的。一个月，不长也不短的时

About 曼哈顿的中央公园

位于曼哈顿中心位置的中央公园是全世界最大的城市公园。横 800 米，纵 4 000 米，面积非常大。19～20 世纪初期是一些上流社会的女性乘马车游玩的地方，但在经济大萧条时期也有很多失业者在此露宿。现在这里新建了各种公共设施和文化空间，比如动物园、网球场、滑冰场、美术馆、剧院等。绿树环绕，草地青翠，环境优美，是 800 万纽约人娱乐休闲的场所，也是世界各地的游客去曼哈顿一定会去的地方。

间，让我真真切切地感受到了生活的意义。再过 4 小时，飞机就要起飞了。我暗自下定决心：我们还会再来的，那时一定会更幸福、更快乐。

我们马上就要离开了。

再见，美国！

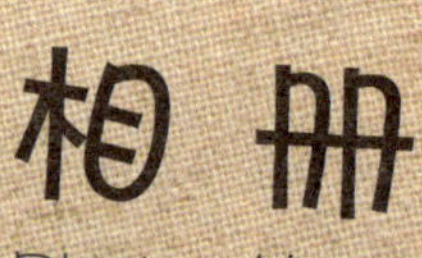

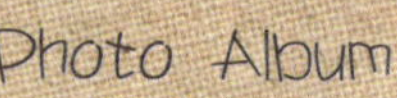

美丽的云朵，像不像白鸽呢？

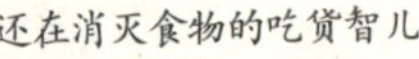

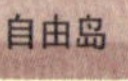

和智儿在公园尽情享乐

将小提琴递给游客的表演者

早餐吃的椒盐卷饼和多伦多樱桃

贴着海报宣传画的五彩信号灯

小意大利城和洛丽塔

我逛遍了曼哈顿的大街小巷

在小意大利城，露天西餐厅和繁忙的车流

纽约的黄色出租车，亲眼看到觉得更帅气！

正努力行走着的父女俩

认真淘能找到很不错的东西

像仓库一样的切尔西市场！

孩子们喜欢的趣味无穷的纸杯蛋糕

这里应有尽有

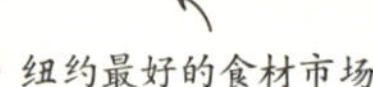

纽约最好的食材市场

一些年代久远的东西

切尔西市场

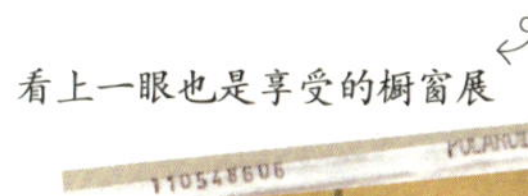

看上一眼也是享受的橱窗展

我无比喜爱的发现之旅商店（Anthropologie shop）！

色彩斑斓的公共汽车。好可爱啊！

穿着凉爽的黑色连衣裙的摩登老奶奶

智儿，你拿妈妈的鞋干什么？

利用午餐时间作短暂休息的女孩

联合广场公园

在客厅的垫子上睡着了

客 房

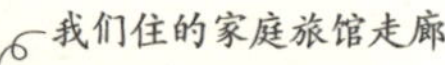

我们住的家庭旅馆走廊

哇！有好多有意思的书呀！

巴诺书店

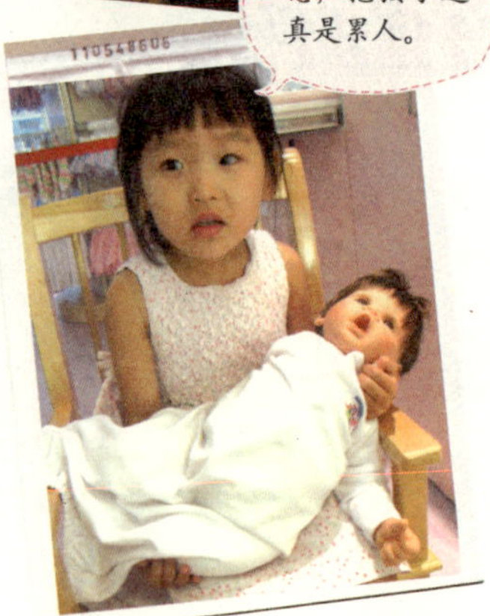

嗯，抱孩子还真是累人。

巴诺书店（Barnes & Noble），儿童书展示区的一角

移动式冰激凌店

中央公园的晨光

高级卡片专营店
纸莎草（Papyrus）

精心装修过的泰国西餐厅——风味（Spice）

偶然遇到的库柏-海威特国家设计博物馆，离我们的住所非常近。

中心公园

在喷泉边开心玩耍着的智儿

后续故事 1

Montréal（蒙特利尔）

走在童话般的乡间小路上，
感受着和美国完全不同的异国风情。

推着婴儿车穿过整条小巷，离开都市的喧嚣，有着说不出的舒适。

逛逛各种画廊也是不错的享受。

好像到了欧洲一样，每一条小巷都美得让人心动！

胖阿姨们正给我唱歌听呢!

就算只是个招牌也能看出店主的心意。

将街道装扮得生机勃勃的盆栽

古老建筑上的岁月痕迹，墙面就像是一幅巨大的织物艺术品。

好可爱的菜单，
叔叔，你好啊！

Dew！我们也做
点这样的东西放
家里吧。

手好痒啊！

↖只可惜这里还没有开业，所以没能进去。但就算在窗外看看也知道是家漂亮的咖啡店。

↖在咖啡店前自拍的 Viu

↖这琴声真好听！

后续故事 2

Toronto（多伦多）

我们终于要去见新爱啦！
从纽约驾车，飞驰而去。
哇！真是一次愉快的相逢。

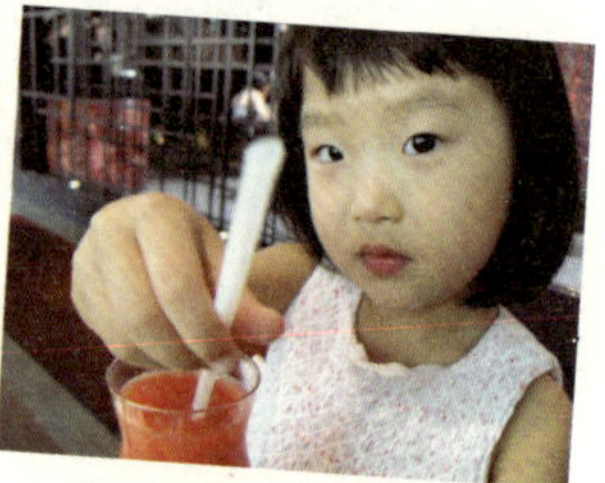

在新爱经常光顾的 Indigo 书店，智儿迷上了玩具火车。

展示加拿大初创时期模样的街区——酿酒厂区(Distillery)

在巴扎克咖啡店(Baezac's Cafe),

扑通扑通，扔硬币！

多伦多出租车的
颜色也很漂亮

在 Pikto 专心看杂志的智儿

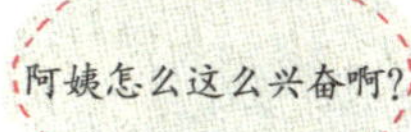

我好想吃啊!

巧克力工厂“苏马（SOMA）”的巧克力

虽然热得不行，但照相的时候一定要微笑！

我们很努力地采摘樱桃，装了好几小桶！

用冰酒（Ice Wine）制作的美味果酱

还买了软软黏黏的软糖吃

在尼亚加拉大瀑布前的草地上

等待着白马王子的智儿公主

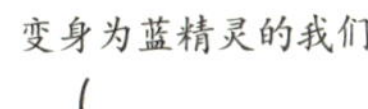

变身为蓝精灵的我们

嘻嘻，巧克力冰激凌真好吃！

桥挺立在水流之上～

离别的前一天晚上，为了纪念而吹蜡烛的三个人

Byebye!

泪水泛滥的离别

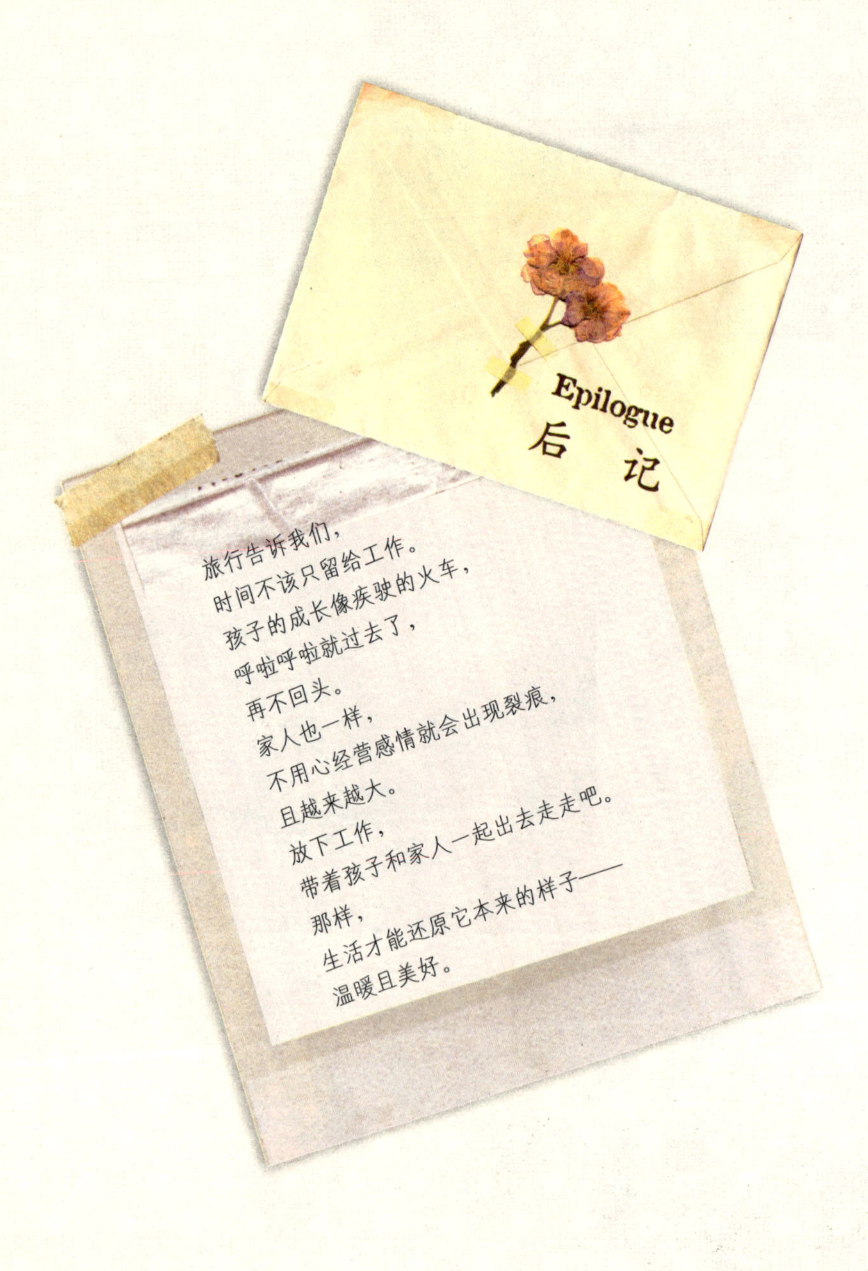

Epilogue 后记

旅行告诉我们，
时间不该只留给工作。
孩子的成长像疾驶的火车，
呼啦呼啦就过去了，
再不回头。
家人也一样，
不用心经营感情就会出现裂痕，
且越来越大。
放下工作，
带着孩子和家人一起出去走走吧。
那样，
生活才能还原它本来的样子——
温暖且美好。

给我亲爱的智儿：

虽然这次旅行对你来说是一次严峻的挑战，但它是我们终生难忘的旅行，因为我们有了无比珍贵的回忆。

智儿，旅行有趣吗？

皮肤被晒成古铜色，你看上去更加结实了，也好像一下子长大了很多。4 岁的你，居然顽强地走完了沙漠之路。我的宝贝女儿，你在整个旅行中没生过一次病，妈妈真心地感谢你。不管在哪里都一直灿烂地笑着、开心地玩闹，你是那么的可爱，也是那么的让人感动。

爸爸妈妈总是开玩笑说："如果智儿长大以后不记得这次旅行，那钱可就浪费了……"我想这也不过是做父母的奢望吧，因为你才仅仅 4 岁。

然而，就是 4 岁的你，也会偶尔翻开旅行相册，一边指着照片上的风景，一边自顾自地唧唧喳喳一阵，你还记得这里曾经有你的小脚丫踏过的痕迹吧。妈妈看着你，脑海中也会浮现出我们旅行中的难忘的情景，妈妈将那些片段都一一封存在记忆中。

等以后智儿也到了妈妈的年龄，有了自己的小家，你也与家人来一次他人看来发疯一般的旅行吧！相信你也能从中得到巨大的回报，获得一些前所未有的独特体验。爸爸就是回忆着他与爷爷一起去过的旅行，才有了我们这次的旅行。在旅行中，你才能体会到一家人共同拥有一段珍贵的美好回忆是多么难得的事情。

妈妈希望你能去更广阔的世界中实现自己的梦想，也希望，你能在自己甜蜜温馨的小家里享受幸福。

在这个世界的每个角落，每一刻都在发生着智儿不知道的有趣的事。所以，让我们一起期待下一次去往另一个未知世界的旅行吧。以后爸爸妈妈会更努力地让你看到更多，感受到更多。

最后，希望我们可爱的智儿永远都是一个勇敢、敢于追寻梦想的孩子。

永远爱你的妈妈

致 谢

这本书从写作到出版经历了很长时间。非常感谢吕智英女士，感谢你鼓励我写这本书和为此书的出版付出的巨大努力。

此外，我们还要感谢 Wisdom House 出版社的吴幽美组长及相关人士，朴恩英室长和完全设计（**All Design**）的全体员工（特别是孝淑，谢谢你）。也感谢热情的世真和一直鼓励着我们的英旭姐姐。

更要感谢帮助我们实现了愉快旅程的泰薰哥和嫂子，我们的父母，我的好朋友新爱夫妇，以及一直为我们加油助威的所有朋友们，谢谢大家。

最后，要说一声抱歉。因为我在为这本书辛苦忙碌的日子里，没能对肚子里的智豪进行认真的胎教，是妈妈不好，对不起，宝宝！

希望你健健康康地来到世间！

我们等待着，有一天拉着智儿和智豪的手再次出发。

Viu & Dew

Bye~Bye~America